SANTOS DE CASA:
✶✶✶
Fé, crenças e festas de cada dia

© Luiz Antonio Simas, 2022
© Bazar do Tempo, 2022

Todos os direitos reservados e protegidos pela lei n. 9610, de 12.2.1998.
Proibida a reprodução total ou parcial sem a expressa anuência da editora.

Este livro foi revisado segundo o Acordo Ortográfico da Língua Portuguesa
de 1990, em vigor no Brasil desde 2009.

EDIÇÃO Ana Cecilia Impellizieri Martins
ASSISTENTE EDITORIAL Meira Santana
REVISÃO Elisabeth Lissovsky
PROJETO GRÁFICO E CAPA Estúdio Insólito
DIAGRAMAÇÃO Estúdio Insólito

3ª reimpressão,
setembro de 2024

CIP-BRASIL. CATALOGAÇÃO NA PUBLICAÇÃO
SINDICATO NACIONAL DOS EDITORES DE LIVROS, RJ
S598s

    Simas, Luiz Antonio
    Santos de casa : fé, crenças e festas de cada dia / Luiz Antonio Simas ; ilustrações Aline Bispo. - 1. ed. - Rio de Janeiro : Bazar do Tempo, 2022.
    216p. ; 18 cm.

    Inclui bibliografia
    Glossário
    ISBN 978-65-86719-99-4

    1. Festas religiosas -Brasil. 2. Festas religiosas - Igreja Católica - Brasil. 3. Sincretismo (Religião). 5. Brasil - Usos e costumes religiosos. I. Bispo, Aline. II. Título.

22-77056

CDD: 305.670981
CDU: 27-562(81)

Meri Gleice Rodrigues de Souza - Bibliotecária - CRB-7/6439

BAZAR DO TEMPO
PRODUÇÕES E EMPREENDIMENTOS CULTURAIS LTDA.

Rua General Dionísio, 53 - Humaitá
22271-050 Rio de Janeiro - RJ
contato@bazardotempo.com.br
www.bazardotempo.com.br

SANTOS DE CASA:
✷ ✷ ✷
Fé, crenças e festas de cada dia

Luiz Antonio Simas

ILUSTRAÇÕES: ALINE BISPO

"A própria Vida se manifestou na carne, para que, nessa manifestação, aquilo que só podia ser visto com o coração fosse também visto com os olhos."
SANTO AGOSTINHO DE HIPONA, *Reflexão patrística*

"Eu cá, não perco ocasião de religião. Aproveito de todas. Bebo água de todo o rio... uma só para mim é pouca, talvez não me chegue."
JOÃO GUIMARÃES ROSA, *Grande sertão: veredas*

Para as pessoas que acreditam na alegria e têm fé na santidade dos humanos e na humanidade dos santos.

Em memória de Eliete Paulina, minha tia-avó Lita, que rezava para todos os santos, inclusive para aqueles que ela mesma inventava, me ninava com a música do filme *Marcelino, pão e vinho* e gostava de fazer elucubrações sobre o terceiro segredo de Nossa Senhora de Fátima.

Sumário

9 ✶ INTRODUÇÃO

21 ✶ DEVOÇÕES À NOSSA SENHORA
27 ✶ NOSSA SENHORA APARECIDA
33 ✶ NOSSA SENHORA DA PENHA
41 ✶ NOSSA SENHORA DE NAZARÉ
47 ✶ NOSSA SENHORA DO ROSÁRIO

51 ✶ OS SANTOS REIS DO ORIENTE

59 ✶ NOSSO SENHOR DO BONFIM, DE SETÚBAL A SALVADOR
63 ✶ A FITA DA BOA SORTE

67 ✶ SÃO GONÇALO DO AMARANTE, O VIOLEIRO DE CRISTO
70 ✶ A RECEITA PORTUGUESA DAS TÍBIAS
(OS "COLHÕES") DE SÃO GONÇALO

75 ✶ SÃO SEBASTIÃO, O MÁRTIR FLECHADO
80 ✶ O PADROEIRO DO RIO DE JANEIRO

85 ✶ SÃO BRÁS E A CURA DA GARGANTA

89 ✶ SÃO LONGUINHO, O ACHADOR DE OBJETOS PERDIDOS

95 ✶ SÃO JOSÉ, O CARPINTEIRO

101 ✶ EXPEDITO, O SANTO DAS CAUSAS URGENTES

105 ✶ SÃO JORGE, O GUERREIRO
112 ✶ JORGE BRASILEIRO
119 ✶ A COTAÇÃO DO CAVALO

123 ✻ ROSAS PARA SANTA RITA, LENÇOS PARA SANTA SARA
  125 ★ OS LENÇOS DE SANTA SARA
  127 ★ O MANJAR DE SANTA SARA

131 ✻ SANTO ANTÔNIO DE LISBOA, DE PÁDUA E DO BRASIL
  134 ★ O ENCONTRO COM EXU

139 ✻ SÃO JOÃO BATISTA, O PROFETA DO FOGO E DO CARNEIRINHO
  141 ★ O SÃO JOÃO JUNINO
  146 ★ XANGÔ MENINO

149 ✻ SÃO PEDRO, PESCADOR E CHAVEIRO DO CÉU

155 ✻ SÃO BENTO, O CAPOEIRISTA

163 ✻ SANTA CLARA CLAREOU

167 ✻ SÃO ROQUE E OS CACHORROS

175 ✻ COSME E DAMIÃO, OS MÉDICOS ANÁRGIROS

181 ✻ SÃO FRANCISCO DE ASSIS, O POBREZINHO
  184 ★ PADROEIRO DOS ANIMAIS
  185 ★ O CORDÃO DE SÃO FRANCISCO
  186 ★ O RIO SÃO FRANCISCO

189 ✻ SANTA BÁRBARA, A DONA DOS TEMPORAIS

195 ✻ SANTA LUZIA, A PROTETORA DOS OLHOS

201 ✻ CONCLUSÃO EM FORMA DE VERSOS

206 ✻ GLOSSÁRIO ✺ 209 ✻ BIBLIOGRAFIA

INTRODUÇÃO

S anto Antônio fez milagres, arranjou casamentos, participou de batalhas e ainda encontrou Exu nas encruzilhadas. São Brás curou soluços de crianças, São Jorge chegou aos terreiros de umbanda e balcões de botequins suburbanos e São Longuinho ajudou os fiéis dispostos a dar três pulinhos a encontrar objetos perdidos. O temor dos raios e trovões foi abrandado com rezas para Santa Bárbara e saudações a Iansã; a procissão do Círio de Nazaré foi temperada pelo cheiro das maniçobas e Nossa Senhora do Rosário foi saudada pelas congadas e reisados mineiros. Santa Luzia — de quem Luiz Gonzaga, o rei do baião, era devoto — cruzou os sertões em seu cavalinho faminto por capim.

São José fez chover no roçado e Santa Clara trouxe um sol amarelo feito as gemas dos ovos quebrados.

Como diz o título do enredo da Estação Primeira de Mangueira desenvolvido pelo carnavalesco Leandro Vieira no carnaval de 2017, muitas coisas no Brasil, segundo a cultura popular, acontecem "só com a ajuda do santo". Mas quem seriam eles e elas; os santos e as santas que acompanham o povo brasileiro?

A estruturação do cristianismo é indissociável da circunstância histórica em que, sob predomínio do Império Romano, os cristãos vão desenvolvendo uma cosmogonia, em larga medida ancorada na tradição judaica, baseada na ideia de que o mundo foi criado perfeitamente pela divindade única, mas acabou sucumbindo à imperfeição quando os homens cederam aos ardis, seduções e tentações de entidades do mal. Essas dicotomias — a perfeição divina *versus* a imperfeição humana; o Deus benéfico e criador *versus* as entidades maléficas que atentam contra a criação; o sagrado *versus* o profano que atenta contra ele — colocam os homens em uma luta interior constante em busca daquilo que, no fim das contas, interessa: a salvação.

Para vencer as tentações, afastar o mal e aplacar a ira do criador diante dos nossos deslizes, a ortodoxia judaica impunha um ambiente marcado pelo exercício cotidiano de uma austeridade expressa no controle do corpo. E tome jejuns, intransigência moral, purificações rituais, cumprimento rígido do calendário religioso, sacrifícios de expiação.

O cristianismo, em larga medida, redefiniu a luta incessante dos homens contra as tentações que os circundavam ao reconhecer em Jesus Cristo o mediador entre as fragilidades do humano e a perfeição expressa em Deus. Para uma parte mais pobre dos judeus, marginalizada pela ortodoxia dos sacerdotes e pela dificuldade em se comunicar com o Criador — muitas vezes inclemente, não raro, iracundo —, encontrar o intermediário humanizado, capaz de interceder diretamente ao pai, apontava um caminho de salvação possível.

Nos embates no campo do simbólico, o judaísmo colocava-se em franca oposição à veneração de imagens, sobretudo em virtude do perigo da idolatria que, diante da supremacia política de Roma, poderia conspurcar a devoção ao Deus único. O cristianismo dos primeiros tempos manteve essa mesma perspectiva, até se encontrar diante de uma conjuntura em que a veemente recusa ao que seria idolatria apresentou-se como um obstáculo praticamente intransponível à penetração do culto cristão entre diversos segmentos sociais do Império Romano: como, afinal de contas, atrair cada vez mais fiéis?

O **Concílio** de Jerusalém, realizado por volta de 50 d.C. e convocado pelas primeiras lideranças cristãs — Pedro, Tiago e Paulo — abordou uma questão decisiva para os destinos da cristandade: os inúmeros não judeus que aderissem ao cristianismo deveriam cumprir os requisitos das leis judaicas, como a prática da circuncisão? A conclusão foi a de que não deveriam. Prevaleceu a opinião de Paulo, que considerava suficiente a conversão à palavra de Jesus Cristo para que qualquer um passasse a pertencer à Igreja. A medida, conhecida como Decreto Apostólico, é um marco da cisão entre o cristianismo e o judaísmo.

Nesse processo, evangelizar os pagãos para que eles aderissem à cristandade vai moldando o novo culto de formas diversas. Como sugeriu o historiador Jacques Le Goff,[1] as reconfigurações do cristianismo — que vão da franca oposição às práticas religiosas de Roma até a busca por reconfigurar e atribuir a elas sentidos diversos, complementares ou distintos diante da abertura para fiéis de todas as origens — possibilitam o surgimento da pessoa do santo.

Se a princípio, nos primeiros tempos, Jesus Cristo foi encarado como o exclusivo mediador entre a humanidade e Deus, logo teremos uma mudança de perspectiva

---

1 J. Le Goff, J. *Em busca do tempo sagrado*, p. 54.

teológica resultante de inúmeros debates entre os cristãos sobre a Santíssima Trindade que tira de Cristo o papel de mediador para colocá-lo ao lado do Deus Pai. Essa mediação passa a ser exercida pelos santos.

De acordo com Andréia Frazão da Silva e Leila Rodrigues da Silva, "o santo é um fenômeno histórico".[2] Partindo dessa perspectiva, percebemos que a própria ideia do que seria a santidade vai se modificando com o tempo. É também Le Goff quem afirma ser o surgimento dos santos uma das pioneiras rupturas do cristianismo com o judaísmo. A ortodoxia judaica distinguia apenas os profetas e os patriarcas. A partir dos apóstolos, o cristianismo definiu como primeiros santos os mártires; aqueles que deram a vida pela fé em Jesus Cristo à época em que os cristãos eram duramente perseguidos pelo Império Romano, especialmente a partir do governo de Nero, em 54 d.C., até o auge da perseguição com Diocleciano, a partir dos éditos persecutórios do ano 303.[3]

Aos poucos, a perspectiva do que seria a santidade vai se modificando, especialmente após o Édito de Milão, promulgado por Constantino em 313, estabele-

---
2 A. C. L. F. da Silva; L. R. da Silva (orgs.), *Mártires, confessores e virgens*, p. 17.
3 J. Le Goff, op. cit., p. 54.

cendo a legitimidade do culto cristão, que passa a ser admitido e tolerado sem a interferência do Estado Romano, pondo um fim a um período de perseguições, torturas e assassinatos dos seguidores de Jesus Cristo.

Desde então, não é o martírio que vai definir o santo, já que o cristianismo se torna uma religião cada vez mais poderosa e institucionalizada; mas a conduta em vida. A função do santo passa a ser, basicamente, a de mediação entre o humano e o divino. Ele é aquele que, pela maneira como levou a vida, pode interceder perante Deus por todos os que necessitam e pedem. Ao mesmo tempo que está próximo do divino pela conduta em vida que garantiu a ascensão aos céus com a morte, o santo está muito próximo das mulheres e dos homens: à distância de uma prece, de uma oração cochichada, de um pedido feito com singeleza ou fervor.

Essa espécie de negociação — o crente pede, promete e o santo concede a graça em troca da promessa feita — chega ao ponto de criar uma espécie de jogo de mercadejo em que o fiel pode chegar até mesmo a punir o santo enquanto a graça não seja concedida, especialmente nas maneiras como o cristianismo popular muitas vezes se desenvolve, margeando o poder institucional da Igreja.

Se inicialmente a santidade era alcançada pelo martírio, quando Constantino descriminalizou o cristianismo, os mártires praticamente deixaram de existir. O que passava a valer era a incessante luta contra os vícios e tentações mundanas. Cada vez mais ganham fama os dispostos a abdicar de prazeres materiais e mortificar a carne para exaltar o espírito que se entrega a Cristo. Teremos menos santos como São Sebastião e São Jorge, militares romanos torturados e mortos por terem se declarado publicamente cristãos, e mais como Simeão Estilita, o asceta que passou 36 anos no cimo de uma coluna de pedra, no alto de um monte, para não ceder às tentações da matéria e aprimorar a espiritualidade, recebendo apenas comida de seus discípulos.

Os novos santos, que não precisavam morrer barbaramente torturados para atingir a santidade, passam a ser cada vez mais populares e, em diversos casos chegam mesmo a preocupar o poder da Igreja em virtude da ligação direta e pouco institucional que estabeleciam com os seus seguidores ao rejeitar bens materiais, a sexualidade e o conforto. Combatendo desejos mundanos, mergulhando em transes místicos expressos em visões extraordinárias e praticando milagres que corriam de boca em boca, os novos santos, ao mesmo tempo que difundiam o cristianismo, abriam frestas vistas com desconfiança por uma instituição que, cada vez mais, buscava centralizar o controle espiritual na autoridade do papado.

Desta maneira, por volta do fim do século XII, a Igreja estabelece normas rígidas para controlar os processos de canonização dos santos a partir da análise da vida do candidato à santidade, das circunstâncias da morte e dos milagres realizados. Temos, então, um processo de institucionalização que busca garantir o controle das narrativas sobre santidades e heresias ao poder central de Roma, ao mesmo tempo que se desenvolvia um cristianismo popular que, nas frestas, fabricava seus santos ou mesmo criava maneiras próprias de se relacionar com os santos canônicos.

Se trouxermos essas questões para o contexto brasileiro, nos lembramos que a colonização portuguesa se desenvolve em uma conjuntura marcada pela Reforma luterana e pelo surgimento de diversas igrejas protestantes que criticavam com veemência o culto aos santos, tanto do ponto de vista espiritual como estético. Para o protestantismo, a idolatria aos santos e a suas imagens aviltava a pureza da fé em Cristo.

A Igreja Romana, por sua vez, reagiu ao protestantismo reafirmando os dogmas católicos com mais radicalidade. O culto aos santos não apenas foi reforçado, mas tornou-se mesmo um dos pilares da Contrarreforma; especialmente forte em Portugal e na Espanha. A expansão marítima portuguesa, desta forma, não foi apenas uma aventura do mercantilismo que buscou nas colônias o fornecimento de matérias-primas, os metais preciosos ou as especiarias que complementariam a economia da metrópole. Foi também uma aventura de expansão da fé católica para o Novo Mundo em um momento em que o protestantismo avançava na Europa. Os santos viajaram nos barcos lusitanos, foram patronos de feitorias criadas nas praias africanas — como a de São Jorge da Mina, na costa da Guiné —, e de inúmeras vilas e cidades criadas na América Portuguesa.

Ao mesmo tempo, porém, que a colonização se articula com o desejo de expansão da fé, as próprias dificuldades da implantação do poder colonial praticamente inviabilizam a instauração de uma igreja no Brasil que cumpra rigidamente os fundamentos propostos pela Contrarreforma: um clero bem preparado, organização episcopal sólida, rede paroquial estruturada e ordens missionárias disciplinadas.[4]

Foi se moldando aqui um catolicismo um tanto polifônico, talvez mesmo informal, que inclui a veneração aos santos canônicos, aos santos populares e a espiritualidades cruzadas por influências indígenas e africanas. Sem uma estrutura episcopal mais rígida, o papel fundamental da organização do culto muitas vezes se estabeleceu a partir das irmandades, instituições leigas

---

4   R. Vainfas; J. B. de Souza, *Brasil de todos os santos*, p. 48.

e ordenadoras de uma espécie de cristianismo festeiro, feito de orações, mas também de quermesses, leilões de prendas, jogos, danças, sabores diversos, simpatias para a sorte no amor, no sexo e no trabalho.

Nesse sentido, as devoções que serão tratadas neste livro falam menos sobre como o cristianismo institucional santificou as mulheres e os homens, e mais sobre como as mulheres e os homens humanizaram os santos nas invenções cotidianas da vida praticada na dimensão do encantamento do mundo.

Não questionamos nem afirmamos a veracidade dos relatos que se seguem. A mentira para quem não crê, como lembrou o poeta Jorge de Lima,[5] é o milagre para quem sofreu. Guimarães Rosa dizia que os santos foram homens que alguma vez acordaram e andaram os desertos de gelo. Tentemos ao menos acariciar, ainda que minimamente, o espanto e o assombro dessas caminhadas.

---

5   L., Jorge de. *Invenção de Orfeu*.

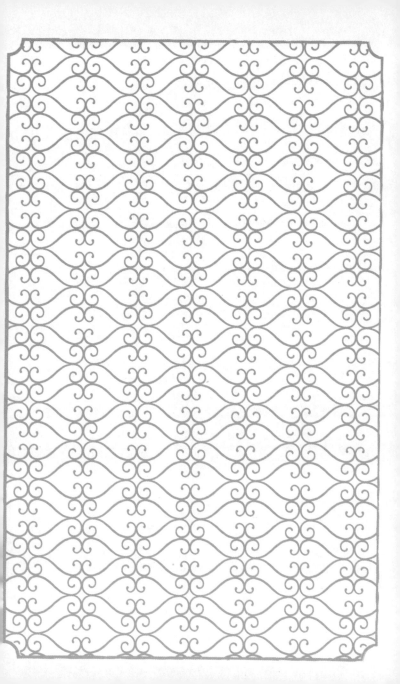

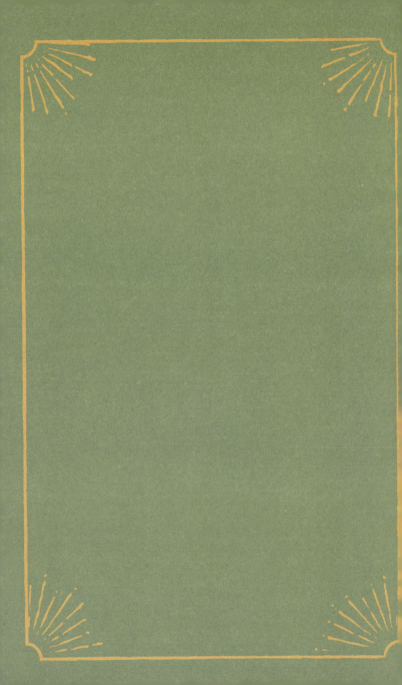

Devoções à Nossa Senhora

No mundo inteiro, a fé no poder da Virgem Maria se expressa numa profusão de títulos que Nossa Senhora recebe, pelos quais é invocada nos ritos marianos. A multiplicidade de afetos que Maria desperta nos fiéis é impressionante: ao contrário de diversas santas e santos para os quais são feitos pedidos específicos, a proteção da mãe de Jesus pode ser clamada a qualquer momento e para qualquer coisa. Como diz a sabedoria popular, há uma Nossa Senhora para cada necessidade do fiel. Na Ladainha de Nossa Senhora, reza popularíssima e entranhada na cultura popular, a Virgem é conclamada por mais de cinquenta títulos.

O culto mariano começou a se estabelecer como doutrina canônica da Igreja sobretudo a partir do momento em que o conceito de encarnação foi referendado no Concílio de Éfeso, em 431, tal como foi desenvolvido por Proclo, discípulo de São João Crisóstomo, arcebispo de Constantinopla no século V. Por essa perspectiva, Jesus Cristo não seria um homem deificado, mas um Deus encarnado que de Maria herdou a sua humanidade. Segundo o Concílio de Éfeso, Cristo não apenas é consubstancial (feito da mesma natureza) ao Pai — conforme fora estabelecido no Primeiro Concílio de Niceia, em 325 — como também é, concomitantemente, da mesma natureza humana que sua mãe.

Em geral, é possível agrupar os títulos da Virgem, também conhecidos como "invocações marianas", em ao menos três vertentes: a que definirei como cotidiana, a litúrgica e a histórica. A cotidiana é aquela que atribui títulos ligados aos problemas que cotidianamente nos afligem e que Maria pode resolver. Para as grávidas, ela é a Nossa Senhora do Bom Parto; para os marujos, a Nossa Senhora dos Navegantes; para os envolvidos em problemas de soluções muito difíceis, ela é a Nossa Senhora Desatadora dos Nós. Nossa Senhora do Alívio ameniza dores físicas; Nossa Senhora da Boa Morte protege os agonizantes; Nossa Senhora da Consolação acalenta e ameniza a angústia dos aflitos. A lista é interminável e dinâmica.

Os títulos litúrgicos referem-se a episódios da vida de Maria. São famosas neste grupo, por exemplo, Nossa Senhora da Conceição, que se refere ao fato de Santa Ana ter concebido Maria sem pecado; Nossa Senhora das Dores, que relembra a dor de Maria ao ver o filho Jesus Cristo morto na cruz; Nossa Senhora da Glória, que faz remissão à ascensão de Maria aos céus em corpo e alma. Nossa Senhora da Ajuda relembra a cena da Paixão em que Maria está aos pés da cruz, clamando por misericórdia; Nossa Senhora da Anunciação rememora a visita em que o arcanjo Gabriel anunciou a gravidez da Virgem e a chegada do Cristo. Não para por aí, é claro.

É curioso notar que uma mesma passagem da vida de Maria pode se desdobrar em diversos títulos. Um exemplo é o de Nossa Senhora da Luz, das Candeias, da Candelária e da Purificação. Neste caso, o culto mariano remete ao episódio descrito no Evangelho de Lucas em que o Menino Jesus é apresentado ao templo e Maria se purifica conforme a tradição, com sacrifício dum cordeiro e duas pombas. Segundo a Lei Mosaica, após parir, a mulher ficava impura. Na ocasião da purificação de Maria, Simeão fez uma famosa profecia em cântico bonito sobre o Menino: "Pois os meus olhos viram a Vossa salvação que preparastes diante dos olhos das nações: luz para aclarar os gentios e glória de Israel, vosso povo."

Por Maria ter se purificado nessa ocasião, ela recebe o título de Senhora da Purificação. Em virtude da profecia de Simeão sobre o Menino ser a luz, ela recebe o título de Senhora da Luz, da Candelária, das Candeias.

Nas tradições da cultura popular, consta que Nossa Senhora da Luz teria aparecido para pescadores nativos em Tenerife, nas Ilhas Canárias, no século XIV. Nas celebrações da Virgem da Luz, é comum que ocorram procissões à luz de velas. Nossa Senhora da Luz é muito popular também em Portugal, em virtude do episódio em que uma imagem sua teria sido encontrada envolta em luminosidade em Carnide (freguesia de Lisboa) no século XV. Com a expansão marítima, o culto à santa que alumia chegou ao Brasil e se espalhou.

Já os títulos de Maria que podemos definir como "históricos" se referem às milhares de aparições da Virgem ao redor do mundo. Fazem parte desse grupo numerosíssimo santas muito populares, como a de Copacabana (aldeia às margens do lago Titicaca, na Bolívia); Guadalupe (México); Fátima (Portugal); Caravaggio (Itália) e Lourdes (França).

Nas tradições marianas do Brasil não são comuns aparições materializadas de Nossa Senhora; os casos de imagens encontradas são mais frequentes. Um dos poucos relatos de aparição da Virgem entre nós é o que se relaciona ao surgimento da doutrina do Santo Daime, na Amazônia. Diz a tradição do culto que Nossa Senhora da Imaculada Conceição apareceu na década de 1920, como a Rainha da Floresta, para Irineu Serra, maranhense radicado no Acre, para iniciá-lo e revelar a ele os fundamentos da doutrina.

Dentro do universo da vastíssima devoção à Virgem no Brasil, escolhemos quatro casos de forte conotação popular: os cultos a Nossa Senhora Aparecida, Nossa Senhora de Nazaré, Nossa Senhora da Penha e Nossa Senhora do Rosário.

Nossa Senhora Aparecida

DIA DA FESTA LITÚRGICA: 12 DE OUTUBRO

A versão mais famosa da história de Nossa Senhora Aparecida começa com o episódio da pesca milagrosa, em 1717. Recém-chegado ao Brasil para ser o governador da capitania de São Paulo, Pedro Miguel de Almeida Vasconcelos partiu em viagem entre São Paulo e Minas Gerais, atravessando diversas vilas margeadas pelo rio Paraíba do Sul. Com a expectativa pela passagem do novo governante, a vila de Santo Antônio de Guaratinguetá (SP) se preparou para receber a autoridade com toda a pompa possível.[1]

---

1 Z. A. Ribeiro, *História de Nossa Senhora da Conceição Aparecida e de seus escolhidos*.

Para preparar um banquete capaz de agradar ao paladar do português, as autoridades da vila reuniram pescadores do local para conseguir uma variedade de peixes digna dos melhores rega-bofes. Dentre os pescadores, estavam João Alves, Domingos Garcia e Felipe Pedroso.

Os três saíram para pescar juntos e, a princípio, não conseguiram pegar um mísero sairu. De repente, João Alves recolheu em sua rede a imagem de uma santa com as mãos em posição de oração, mas sem cabeça. O pescador lançou a rede novamente, no mesmo local, e pescou a cabeça com um diadema na testa, flores, cabelos trançados e um detalhe especial: a santinha estava sorrindo.

Os pescadores guardaram a imagem em um pano, desceram o rio e lançaram suas redes novamente. De súbito, inúmeros peixes começaram a pular nas malhas. Foram tantos os pescados que João, Domingos e Felipe ficaram até com receio de a canoa virar. Em algumas versões, o próprio João Alves levou a santinha para casa e colou a cabeça no corpo. Em outras, foi Felipe quem levou a santa e colou a cabeça com cera de abelha.

Colocada em modestíssimo altar na casa de Felipe, a santa começou a ser visitada pelos pescadores que rogavam a fartura de peixes. Em um dos encontros, teria ocorrido o milagre das velas: a mãe de um dos pescadores, ao reparar que duas velas de cera que iluminavam a santa tinham se apagado, foi acendê-las e, com espanto, viu as chamas subirem sozinhas, sem interferência humana.

Não deu outra: a imagem começou a fazer milagres e passou a ser visitada por pescadores, tropeiros e viajantes que cruzavam Santo Antônio de Guaratinguetá, a ponto de o vigário da vila, José Alves Villela, ter apelado ao bispado da capital da colônia, o Rio de Janeiro, por autorização para construir uma capelinha para a santa pescada em 1743. Dois anos depois, a capelinha de taipa de pilão foi inaugurada, no dia 26 de julho; festa de Santa Ana, a mãe de Maria e avó de Jesus.

Daí pra frente a fama da santa só fez crescer. Em 1868, a filha de d. Pedro II, Isabel, doou à santa uma coroa de ouro e diamantes. Em 1888, foi inaugurada uma igreja imponente para guardar a imagem (hoje conhecida como Basílica Velha, localizada na Praça Nossa Senhora Aparecida, em São Paulo). Em 1904, a santinha foi coroada como Rainha e Mãe Nossa Senhora Aparecida. Em 1931, a imagem foi levada ao Rio de Janeiro para ser proclamada padroeira do Brasil. Hoje, o Santuário Nacional de Nossa Senhora Aparecida, com a Basílica Nova que começou a ser construída em 1955, é o maior centro de peregrinação mariana do mundo.

Um detalhe da maior relevância sobre Aparecida é a cor da estátua: a virgem é preta, coisa que alguns especialistas atribuem ao tipo de argila usada na obra. Outra hipótese é a de que a imagem, originalmente branca, teria escurecido, a princípio ficando com tonalidade amarronzada por ter permanecido um tempo dentro d'água, e escurecendo mais ao ser mantida durante anos em um altar próximo a um forno de carvão vegetal, exposta à fuligem.

Noves fora o que dizem os estudiosos, é fortíssima no imaginário mariano a ideia de que a Virgem, em diversas ocasiões, assume características locais e, mais precisamente, daqueles que vivem sob opressão. É assim com Nossa Senhora de Guadalupe, a santa mexicana que apareceu, em 1531, com traços e indumentária indígenas para Juan Diego, um descendente de astecas, e Nossa Senhora de Lourdes, a camponesa da França. Um dos milagres atribuídos à Aparecida, inclusive, é o da libertação do escravizado Zacarias, que, ao passar em correntes pela porta da capela da santa, em 1850, evocou Maria. Imediatamente, as correntes se quebraram e Zacarias foi embora diante do caçador de escravizados que o conduzia e que ficara sem reação.

Entranhada nas devoções brasileiras e no imaginário festeiro das brasilidades — Oswald de Andrade, em verso famoso do poema "Noite do Rio" chegou a dizer que "O Pão de Açúcar é Nossa Senhora Aparecida coroada de luzes" —, a santinha bochechuda e sorridente, ainda que esteja coroada com ouro e diamantes, parece mais ser, como certa feita me falou uma tia-avó macumbeira e católica, aquela amiga que mora na vizinhança e socorre a gente na hora do sufoco.

Nossa Senhora da Penha

DIA DA FESTA LITÚRGICA: 8 DIAS APÓS A PÁSCOA

Nas encruzilhadas em que as culturas se lambuzam e reinventam constantemente o mundo, o culto à Nossa Senhora da Penha começou quando, segundo a versão mais famosa, Simão, um monge francês em peregrinação, chegou a uma serra conhecida como Penha de França, em Salamanca, na Espanha. Ali, na primeira metade do século XV, teria sonhado com uma imagem da Virgem Maria enterrada no monte.

Depois de cinco anos de procura — em que vez por outra entrava em êxtase místico e ouvia a frase "vela e não durma!" — Simão (que passou a ser conhecido como Simão Vela) parou para descansar numa pedra quando uma senhora com uma criança no colo apareceu do nada e apontou para o local em que a imagem estaria enterrada. Simão correu até o ponto indicado e encontrou a santinha. Ali mesmo ele construiu uma **ermida** com o auxílio de pastores.

A devoção a Nossa Senhora da Penha no Brasil teve início no século XVI, quando um padre franciscano espanhol, frei Pedro Palácios, ergueu uma capela para a santa no alto de um monte em Vila Velha, na capitania do Espírito Santo.

No Rio de Janeiro, a devoção à Penha durante muito tempo motivou a festa popular que teve início no século XVII e que se transformaria numa das mais marcantes da cidade, ocorrendo todos os anos em outubro, mês em que a Igreja da Penha foi inaugurada. A **legenda** do milagre que gerou a Festa da Penha fala sobre uma caçada realizada pelo português Baltazar de Abreu Cardoso num morro na Freguesia de Nossa Senhora da Apresentação de Irajá. Durante a caçada, Baltazar teria sido emboscado por uma cobra venenosa. Acuado, chamou por Nossa Senhora da Penha. Assim que a evocação foi bradada, um lagarto apareceu e espantou a serpente depois de uma briga aguerrida. Agradecido, Baltazar Cardoso mandou erguer, em 1635, uma ermida no local que originou a Igreja de Nossa Senhora da

Penha, e prometeu fazer anualmente uma festa devocional para relembrar o fato.[1]

É curioso perceber como o relato sobre o milagre carioca remete a uma história similar, relatada em Lisboa. A versão mais famosa sobre a devoção à Senhora da Penha em Portugal deve-se originariamente a António Simões, um combatente dos exércitos de d. Sebastião na Batalha de Alcácer Quibir (1578), no Marrocos.

No sufoco da guerra no deserto em que d. Sebastião tombou em combate, António prometeu à Virgem Maria que, se saísse vivo e conseguisse retornar a Portugal, lhe dedicaria imagens de invocações diversas. Ao regressar, cumpriu a promessa. Uma das imagens que construiu foi a de Nossa Senhora da Penha de França.

No final do século XVI, Lisboa foi assolada pela peste bubônica. As autoridades da cidade não titubearam e recorreram à Senhora da Penha, prometendo fazer anualmente uma procissão de penitência em louvor a ela caso a doença fosse controlada. Essa é a origem da Procissão do Ferrolho, realizada todos os anos em Lisboa no início de agosto. O nome se refere ao costume de chamar os fiéis para o cortejo batendo nos ferrolhos das portas. O fato é que a peste arrefeceu e Nossa Senhora da Penha de França foi invocada como a Protetora de Lisboa.

---

1 L. A. Simas, *Almanaque Brasilidades: um inventário do Brasil popular.*

Naquele mesmo contexto, por volta de 1599 e com a ameaça da peste que grassou nos navios em pleno alto-mar, Jerónimo Coutinho, um capitão da armada da Carreira da Índia, não teve dúvidas: recorreu a Nossa Senhora da Penha de França e prometeu formar uma irmandade caso sobrevivessem. Desta forma foi criada a Irmandade dos Fidalgos e Marítimos de Nossa Senhora da Penha de França, formada por mareantes e dirigida pelo capitão-mor das naus da Índia. A partir daí, a devoção dos marujos portugueses a Nossa Senhora da Penha certamente influenciou na disseminação do culto a ela nas colônias lusitanas.

É também desse período o Milagre do Lagarto da Penha. Conta-se que um peregrino vindo de longe, cansado da viagem, teria tirado uma soneca no sopé da serra do santuário da Penha, em Lisboa. De repente, foi acordado por um lagarto assustador, evitando assim que uma cobra venenosa, preparada para dar o bote fatal, o picasse. O lagarto milagroso foi empalhado, conservado na igreja até 1739 e depois substituído por outro de madeira entalhada, desaparecido no terremoto de Lisboa.

A similitude entre os relatos de Lisboa e do Rio de Janeiro a respeito do embate entre a serpente e o lagarto não surpreende. É provável que o português Baltazar, sabedor dos relatos populares em Portugal em torno do peregrino, da cobra e do lagarto, tenha por isso mesmo apelado a Nossa Senhora da Penha quando se viu diante de uma víbora.

Feita a devida referência ao milagre, vale lembrar que os cariocas, sobretudo os descendentes de escravizados, tomaram para si, de forma impactante, a festa originalmente ligada a uma devoção da comunidade portuguesa.

No contexto do fim do século XIX e da virada para o século XX, a República criminalizava a cultura popular. A ordem era modernizar e higienizar o Rio de Janeiro com padrões europeus, adotando Paris, a capital francesa, como modelo. Nesse clima, as manifestações populares — o samba, a capoeira e as macumbas diversas, por exemplo — eram duramente reprimidas, vistas como símbolos do atraso e da barbárie.

A despeito da repressão, o povo deu o nó em pingo d'água, virou dono da festa e dela fez seu pertencimento. Os capoeiristas cortaram o mato nas rodas de volta ao mundo, as baianas prepararam a comida do santo e os bambas mostraram os sambas que tinham acabado de compor. A festa se transformou no maior evento popular do Rio de Janeiro depois do Carnaval.[2]

Os poderosos fizeram de tudo para impedir a festança. Em 1904, 1907 e 1912, a prefeitura proibiu rodas

---

2 L. A. Simas, *Almanaque Brasilidades: um inventário do Brasil popular.*

de samba no bairro da Penha. A rapaziada foi lá, zombou da proibição e fez. Havia ordem de prisão para praticantes da capoeira. O berimbau puxou o toque de São Bento Grande e o povo gingou. A baiana temperou o acarajé, a cerveja gelou e, de certa forma, a serpente representada pela República das oligarquias perdeu a batalha para o lagarto carioca, mais chegado por aqui aos sambas que aos fados.

Nossa Senhora
✵ ✵ ✵
de Nazaré

DIA DA FESTA LITÚRGICA: 2º DOMINGO DE OUTUBRO

Entre os mitos que circundam as histórias de Nossa Senhora de Nazaré, o mais famoso remonta a uma tradição que atribui ao próprio São José uma escultura de Maria em madeira, feita em Nazaré, na Galileia. A imagem teria sido pintada pelo evangelista Lucas.

Ainda segundo essa tradição, a imagem teria sido levada para o mosteiro de Cauliniana, na Espanha e, no século VI, parado no atual território de Portugal. Tal fato teria ocorrido quando Rodrigo, o último rei dos godos da Península Ibérica, tentou fugir das invasões muçulmanas da Hispânia, por volta do ano 711, levando consigo as **relíquias** de São Bartolomeu, de São Brás e a imagem de Nossa Senhora de Nazaré. Rodrigo foi morto, mas teria conseguido deixar a imagem com certo Frei Romano, sacerdote que o acompanhava. Por segurança, Frei Romano escondeu a imagem numa gruta, onde permaneceu por quatro séculos, até ser encontrada por pastores, em 1182.

Em relação ao Brasil, a primeira referência mais famosa a Nossa Senhora de Nazaré remonta ao dia 8 de setembro de 1630, quando um pescador saiu para verificar se uma grande tempestade teria danificado o seu barco e redes de pesca em Saquarema, no Rio de Janeiro. Ao passar por um morro, viu uma luz brilhando fortemente, e ao conferir o que era, encontrou uma imagem da Virgem de Nazaré. Levou a santa para casa e avisou a outros pescadores; todos rezaram e foram dormir.

Qual não foi a surpresa quando, no dia seguinte, a santa apareceu misteriosamente no mesmo costão em que tinha sido encontrada. O pescador novamente a levou para casa. A santinha sumiu e, mais uma vez, reapareceu no morro. Os pescadores concluíram que o desejo da santa era permanecer onde fora encontrada. Em virtude disso, ergueram uma capela no local e a fama da Virgem se espalhou. Em 1837, a capela original foi substituída por uma igreja maior.

A mesma insistência da santa em permanecer no lugar em que foi encontrada marca a história do Círio de Nazaré, a grande festa de devoção da Amazônia brasileira.

A versão mais famosa sobre a devoção paraense diz que, em 1700, o ribeirinho Plácido José de Souza encontrou à beira do igarapé Murucutu, em Belém do Pará, uma pequena imagem de Nossa Senhora de Nazaré. Plácido montou em casa um altar modesto para a Virgem. Como ocorreu em Saquarema, todavia, a Senhora voltou ao igarapé onde tinha sido encontrada, fato que se repetiu algumas vezes.

Plácido viu nas voltas da santa um desejo de Maria e, por isso, ergueu uma ermida para ela à beira do Murucutu. A história da volta da imagem correu de boca em boca, e o povo passou a visitar a ermida e reverenciar Nossa Senhora de Nazaré, que logo começou a fazer milagres. A Festa do Círio ritualiza o misterioso retorno da santinha ao local onde fora encontrada.

A palavra "círio", vela grande, oriunda do latim, denomina liturgicamente as procissões e romarias feitas à luz de velas. A procissão de Nossa Senhora de Nazaré, realizada no segundo domingo de outubro, começava geralmente na parte da tarde e entrava pela noite, com as velas acesas. As chuvas constantes que caíam no final da tarde na Amazônia paraense acabaram levando a procissão para a parte da manhã, depois de um grande temporal em 1853.

A cada ano, a procissão do Círio sai da Catedral de Belém e segue até o Santuário de Nazaré, onde a imagem da santa fica exposta durante quinze dias. Além da festa da devoção, o Círio mora na encruzilhada em que o sagrado é profanado e o profano é sacralizado, com os leilões de prendas, bailados, brincadeiras infantis, fuzuês diversos que se constituem em um mosaico de referências da construção da identidade paraense, expressos, por exemplo, nas barracas de comida com ingredientes feitos com as folhas e frutas amazônicas: tucumã, muruci, cupuaçu, castanha, bacuri, bacaba, taperebá, ervas e pimenta-de-cheiro, temperando peixes, patos, camarões e caranguejos.

Pratos profundamente marcados pela culinária indígena, como tucupi — caldo amarelo extraído da mandioca —, tacacá — mingau feito à base de tucupi, goma de tapioca, camarão seco e jambu —, chibé — mingau de farinha de mandioca e água — e maniçoba são servidos como verdadeiras ceias de conclusão de um ciclo e início de outro. Não à toa, no Pará o desejo de "Feliz Círio" tem sentido equivalente aos desejos de boas festas que acompanham o mês de dezembro em várias partes do mundo.

Nossa Senhora do Rosário

DIA DA FESTA LITÚRGICA: 7 DE OUTUBRO

Nossa Senhora do Santíssimo Rosário é o título mariano referente à aparição da Virgem Maria a São Domingos de Gusmão, em 1214, na igreja do mosteiro de Prouille, na França. Segundo a tradição, Maria entregou o rosário ao fiel frade. Foi também como Nossa Senhora do Rosário que a mãe de Jesus apareceu para três crianças — Lucia, Jacinta e Francisco — na Cova da Iria, em Fátima, Portugal.

De acordo com os testemunhos das crianças, a primeira aparição ocorreu no dia 13 de maio de 1917, ao meio-dia, repetindo-se durante os seis meses seguintes, sempre no dia 13 e à mesma hora (excetuando-se o mês de agosto, em que ocorreu a dia 19), até 13 de outubro de 1917.

Na última aparição, a Virgem Maria identificou-se como "a Senhora do Rosário". Por esse motivo, foi feita eclesiasticamente a combinação dos seus dois títulos: Nossa Senhora do Rosário de Fátima. Segundo os "três pastorinhos", como as crianças portuguesas ficaram conhecidas, Maria apresentou-se em Fátima clamando ao mundo pela conversão e expiação dos pecados a partir da penitência e da oração do Rosário.

No Brasil, a devoção à Virgem do Rosário está muito ligada às congadas, moçambiques e reisados da cultura popular, a partir do encontro entre o cristianismo ibérico e as tradições dos **bantos** de Angola e do Congo redefinidas, especialmente, em Minas Gerais.

Ao mesmo tempo em que recriam as cerimônias de coroação de reis africanos, como é o caso do Rei do Congo e da mítica Rainha Ginga de Angola, com suas cortes respectivas, os folguedos costumam também dramatizar as escaramuças entre mouros e cristãos, com a vitória dos últimos. Homenageiam ainda Nossa Senhora do Rosário e São Benedito, entre cantos embalados por tambores, pandeiros, sanfonas, reco-recos, violas, violões e cavaquinhos.[1]

Espalhando-se pelo Brasil, mutáveis de acordo com as especificidades que cada região deu ao auto, as con-

---

1 L. A. Simas, *Almanaque Brasilidades: um inventário do Brasil popular*.

gadas e reisados normalmente ocorrem nas festas da Senhora do Rosário (em outubro), no ciclo do Natal, no dia 13 de maio ou ainda nas festividades dos padroeiros das cidades.

Existem igrejas de Nossa Senhora do Rosário dos Pretos em cidades históricas como Salvador, Recife e São Luís, erguidas por escravizados, que, se conta, escondiam ouro no cabelo e iam construindo a igreja aos poucos. É assim, por exemplo, como contam em Tiradentes, Minas Gerais.

A devoção a Nossa Senhora do Rosário teria sido introduzida na África pelos dominicanos durante missões de catequese ainda no século XVI. Segundo a tradição, certa feita, uma imagem de Nossa Senhora do Rosário apareceu no mar. Os negros começaram então a bater tambores e cantar pedindo proteção contra os inimigos. A imagem, trazida pelo vai e vem das ondas, finalmente chegou à praia, foi resgatada pelos devotos e começou a caminhar.

Os cortejos costumam representar essa história e reproduzem o resgate da santa entre as ondas. Autodenominando-se Filhos do Rosário, os devotos caminham com a imagem de Nossa Senhora; bailando, cantando e celebrando a fé:

Senhora do Rosário foi quem me trouxe aqui
A água do mar é boa
Eu vi, eu vi, eu vi!

OS SANTOS REIS
✦ ✦ ✦
do oriente

DIA DA FESTA LITÚRGICA: 6 DE JANEIRO

Diz a *Legenda áurea*, redigida no século XIII com relatos sobre a vida dos santos, que, por ocasião do nascimento de Jesus, partiram para Jerusalém três grandes magos conhecidos em grego como Galgalar, Malgalat e Sarathin; em hebraico, como Apelio, Amerio e Damasco; e, em latim, como Gaspar, Baltazar e Melchior.[1] O número de três e os nomes dos magos, provavelmente, foram criados durante o período medieval, já que a única referência a eles no Novo Testamento está

---

1 J. de Varezze, *Legenda áurea: vidas de santos*.

no Evangelho de São Mateus. No trecho bíblico, entretanto, o evangelista não diz quantos os magos eram e nem que nomes eles tinham.

A partir da Idade Média, duas versões se consagraram sobre os magos. Uma afirma que eles eram os reis que sucederam a Balaão, personagem do Antigo Testamento que teria feito a famosa profecia sobre a estrela que anunciaria o Messias: "Eu o vejo, mas não é para agora, percebo-o, mas não de perto: uma estrela se erguerá sobre Jacó e um Homem virá de Israel."

Outra versão bastante difundida na cultura popular conta que os Reis Magos faziam parte de um grupo de doze astrólogos que, em diferentes fases do ano, subiam ao topo de um monte para observar o céu e clamar pela aparição da estrela profetizada por Balaão. Certa noite, a estrela apareceu e uma voz anunciou o nascimento do Menino esperado.

Os doze reis decidiram, então, que três deles (o mais velho, Melquior; o mais novo, Gaspar; e o que tinha a média da idade entre eles, Baltazar) visitariam a criança. Melquior levou de presente o ouro, que supera todos os metais da mesma forma que o amor de Deus supera todas as outras maneiras de amar. Baltazar levou a mirra, simbolizando a humildade dos magos diante do Menino. Gaspar levou o incenso, símbolo da devoção e das orações sinceras.

Guiados pela estrela, os magos chegaram a Jerusalém. Conduzidos ao palácio do rei Herodes, anunciaram que a criança tinha nascido em Belém, conforme as profecias. Herodes pediu-lhes que, na volta da viagem, revelassem o lugar exato do nascimento, já que também queria homenagear o Messias.

Os magos continuaram seguindo a estrela, até que chegaram a um estábulo em uma gruta, onde encontraram Jesus sendo amamentado por Maria, cercado por animais e pastores. Os presentes foram oferecidos.

Ao retornar da visita, os magos não passaram por Jerusalém. Um anjo surgiu em sonhos para avisar que Herodes, na verdade, temia perder o poder para o Messias e, por isso, pretendia matar a criança. Furioso por ter sido enganado pelos magos, Herodes deu ordens para que todas as crianças de Belém fossem mortas.

Os locais de origem dos magos aparecem citados desde ao menos os escritos de São Beda, um monge que viveu nos mosteiros de São Pedro e de São Paulo na atual Inglaterra, numa região que à época integrava o Reino da Nortúmbria, no século VIII. Segundo ele, Melquior partira de Ur, terra dos caldeus, Gaspar saíra de uma região montanhosa, perto do mar Cáspio, e Baltazar era mouro, de pele escura, saído de algum ponto do Golfo Pérsico. Em outras versões arraigadas nas tradições populares, Melchior era o rei da Pérsia; Gaspar, rei da

Índia; e Baltazar, rei da Arábia. É provável que as origens em lugares distintos de cada um dos magos, a partir do Evangelho de Mateus, tenha sido criada para simbolizar o reconhecimento de Jesus Cristo por todos os povos.

A devoção aos Santos Reis tem um detalhe curioso: não é comum que eles sejam venerados em altares de igrejas, mas em presépios (do latim *praesepe*; estábulo, curral). A tradição dos presépios remonta aos primeiros tempos do cristianismo, mas popularizou-se a partir da Idade Média, especialmente a partir das iniciativas de São Francisco de Assis, que no Natal de 1223 organizou uma encenação do nascimento do Menino Jesus construindo uma manjedoura na floresta de Greccio, uma comuna italiana na região do Lácio. Ao lado de devotos que representaram Maria, José e os pastores, Francisco colocou na cena um jumento e um boi.

A tradição dos presépios chegou ao Brasil com os portugueses. Um dos principais cronistas dos primórdios da colonização, padre Fernão Cardim, citou a montagem de um presépio no ano de 1583, sendo essa a aparente primeira referência que temos sobre o assunto em terras brasileiras.

Desde então, sabemos que a tradição brasileira das celebrações dos Santos Reis ganha contornos especiais na formação de grupos de foliões que visitam as casas com estandartes coloridos e instrumentos musicais.

Munidos de violas, pandeiros, reco-recos, sanfonas, chocalhos, cavaquinhos e triângulos, os foliões entoam músicas em louvação aos magos do Oriente e recebem, em troca, oferendas diversas.

É comum que as folias se formem como pagamento de promessas feitas e graças alcançadas pela ação dos Reis. O pagamento da promessa inclui a obrigação de manter uma folia por até sete anos.

Além dos músicos e cantores, muitas folias são compostas por palhaços, dançarinos e personagens das tradições locais, transformando-se em autos dramáticos comunitários. Os palhaços, especialmente, merecem destaque. Há quem afirme que cabe a eles a função de distrair os soldados de Herodes através das brincadeiras, impedindo que eles encontrem Maria, José e o Jesus Menino. A Sagrada Família, para escapar da matança dos inocentes, foge para o Egito. Outra versão diz que os palhaços mascarados representam os próprios soldados de Herodes que se converteram ao cristianismo e, por isso, precisam se disfarçar.

É curioso notar como, nos subúrbios do Rio de Janeiro, a tradição dos bate-bolas — grupos carnavalescos de mascarados que saem às ruas no carnaval — guarda, na indumentária dos seus membros, semelhanças notáveis com as vestes dos palhaços das folias que celebram os reis viajantes do Oriente.

Prometendo boa sorte e prosperidade, a simpatia da romã é feita em 6 de janeiro, Dia de Reis e, de acordo com a tradição, deve-se engolir três caroços da fruta, jogar três para trás e guardar o mesmo número na carteira, dizendo:

*"Gaspar, Belchior e Baltazar, que o dinheiro
não venha me faltar".*

Nosso Senhor do Bonfim
de Setúbal a Salvador

DIA DA FESTA LITÚRGICA: 6 DE JANEIRO

Em toda quinta-feira anterior ao segundo domingo após o Dia dos Santos Reis, 6 de janeiro, milhares de baianos saem da Igreja de Nossa Senhora da Conceição da Praia e atravessam a cidade de Salvador em direção à Colina Sagrada, para participar da lavagem das escadarias da Igreja do Bonfim.

O culto ao Bom Senhor do Bonfim não é a um santo, mas a uma representação de Jesus Cristo crucificado que acabou se transformando em um elemento de grande devoção no catolicismo ibérico, inicialmente em Portugal e depois no Brasil. Guardadas as proporções, a veneração ao Senhor do Bonfim tem mais similitudes ao que ocorre com a Virgem Maria, adorada sob os diferentes nomes que adquire em virtude de questões litúrgicas, cotidianas e históricas.

A origem da adoração é a cidade portuguesa de Setúbal, onde, no século XVII, foi encontrada uma imagem de um Cristo crucificado com aproximadamente um metro e meio, flutuando nas águas do rio Sado. Naqueles tempos de fé exacerbada, a aparição da imagem foi logo considerada coisa do próprio Jesus Cristo e iniciou-se um debate acalorado sobre qual seria o destino dado à peça. Concluiu-se que a mesma deveria ter um "bom fim", em razão de sua aparição milagrosa. Logo, a imagem ficou conhecida como a de Nosso Senhor Jesus Cristo do Bonfim e definiu-se que deveria ficar em uma capela inaugurada em 1669, denominada "Anjo da Guarda" (que passou a ser chamada de Igreja do Nosso Senhor do Bonfim). A devoção à imagem logo cresceu, especialmente depois que o rei d. João V, no início do século VXIII, a ela fez promessas pela cura do pai, d. Pedro II, sofrendo com a saúde frágil.

O culto ao Senhor do Bonfim chegou ao Brasil através de Teodósio Rodrigues de Faria, português de Setúbal, capitão de mar e guerra da Marinha portuguesa e traficante de escravizados — sendo dono de três navios negreiros. Em certa ocasião, um navio em que estava o capitão enfrentou forte tempestade no meio do oceano Atlântico, enquanto rumava a Salvador, na Bahia. Durante o aguaceiro, Teodósio prometeu que, se sobrevivesse, levaria para Salvador uma imagem similar à do Senhor do Bonfim de Setúbal, o Cristo crucificado que emergiu das águas.

A borrasca passou, o capitão sobreviveu e cumpriu a promessa: em 18 de abril de 1745, ele doou a Salvador uma réplica perfeita do Bom Senhor do Bonfim de Setúbal e uma imagem de Nossa Senhora da Guia. Logo, uma igreja para abrigá-las começou a ser erguida. Em 1754, a imagem foi colocada na Igreja Nosso Senhor do Bonfim, na Colina de Monte Serrat, onde está ainda hoje, na capital baiana.

Aos poucos, especialmente a partir do século XIX, a festa católica do Bonfim foi se transformando em um grande ritual de fé popular, cruzando diversas crenças, profanando o sagrado e sacralizando o profano, e construindo incessantes sentidos para a vida em comunidade. Numa cidade como Salvador, profundamente marcada pela presença dos africanos que aqui chegavam escravizados — e que traziam, além de seus corpos sequestrados, toda a sofisticação e complexidade cultural de suas sociedades de origem, é impactante perceber como um culto que chegou ao Brasil através de um traficante negreiro de Setúbal foi se transformando em um fenômeno cultural marcado por diversas vozes. Dentre essas vozes, a mais marcante é aquela que sai das entranhas da cidade negra e faz da lavagem do Bonfim um grande rito polifônico entre tambores e ladainhas, bailados e contrições, procissões em cortejo e rodas de louvor aos orixás.

Para lavar o adro do templo, as baianas, vestindo branco com saias rendadas, pano da costa, pulseiras e colares, levam moringas com água perfumada com flores e plantas aromáticas. O banho de água de cheiro também lava as cabeças de fiéis em busca de tranquilidade e sorte. No trajeto até a Colina Sagrada, onde a sala dos **ex-votos** confirma a reputação de milagreiro do Senhor do Bonfim, a procissão é acompanhada de carroças enfeitadas puxadas por cavalos, grupos musicais, cordões de Mascarados, brincantes do Bumba-meu-boi, da Burrinha etc.

A lavagem do Bonfim certamente se enquadra naquele conjunto de festas que o teórico da cultura Mikhail Bakhtin, ao estudar os carnavais, caracterizou como celebrações da simetria, com abolição provisória de hierarquias e a amálgama de ritos renovadores. Os indivíduos, subindo a ladeira sagrada, passam a formar um único corpo, e o sentimento mais presente é o de pertencer à comunidade. O banho com água de cheiro, como se corpos e a escadaria fossem o mesmo ente, reaviva laços no sentido contrário ao da dissolução social. A dissolução agora é outra: a do indivíduo banhado de pertencimento à comunidade.

A fita da
BOA SORTE

A tradicional fita do Senhor do Bonfim foi criada por Manuel Antônio da Silva Servo, um membro da Ordem da Devoção do Senhor do Bonfim, em 1809. Inicialmente, a fita era bordada a mão com tecido de algodão e chamada de medida, já que seu tamanho correspondia ao comprimento do braço direito da imagem do Cristo crucificado. A medida não era amarrada no pulso, mas usada como marcador de livros e proteção que acompanhava os devotos, carregada em bolsas, bolsos e carteiras.

O caráter artesanal das fitas se perdeu e elas passaram a ser produzidas em larga escala, deixando, inclusive, de ter o tamanho tradicional da medida do braço do Senhor. A amarração das fitas nos pulsos pressupõe um ritual em que o número de nós — em geral, três — corresponde aos pedidos daqueles que buscam a graça, que será alcançada quando a fita arrebentar.

Muito se fala sobre a relação cruzada existente entre o rito da lavagem do adro do Bonfim e a cerimônia das Águas de Oxalá, dos candomblés baianos. Alguns terreiros e segmentos da Igreja católica buscam refutar essa aproximação, preferindo delimitar o arco de cada fé em espaços circunscritos.

Há também quem aponte uma excessiva espetacularização da lavagem do Bonfim nos dias atuais, que, dessa maneira, se afastaria de alguns elementos mais tradicionais, ganhando um perfil mais turístico e distanciando-se das vivências mais populares da festa.

A despeito das polêmicas, é inegável que o rito da lavagem se define como um fenômeno de religiosidade popular marcado por rasuras, interações, contradições, complementaridades e dinamismos que ora subvertem, ora preservam os elementos mais tradicionais do rito sacroprofano do povo baiano.

SÃO GONÇALO

✣ ✣ ✣

do Amarante

O violeiro de Cristo

DIA DA FESTA LITÚRGICA: 10 DE JANEIRO

Na **hagiografia** de São Gonçalo, como de resto nos relatos das vidas de vários beatos e santos, o histórico e o mitológico, o concreto e o lendário se cruzam o tempo inteiro. De início, vale lembrar que, para a Igreja católica apostólica romana, São Gonçalo não é um santo, mas um beato. Sua santificação, em larga medida, é mesmo obra do povo, e não das instâncias oficiais da canonização.

Sabe-se que São Gonçalo nasceu em Tagilde, Portugal, por volta de 1187. De família nobre, que o encaminhou para seus estudos em teologia sob a proteção de um arcebispo, ordenou-se padre e foi nomeado pároco de São Paulo de Vizela.

Em viagem para conhecer Roma e Jerusalém, passou cerca de quatorze anos na Terra Santa. Ao retornar, teria sido traído por um sobrinho que o afastou da chefia da paróquia com documentos falsos que chegaram a atestar sua morte. Gonçalo passou a ter uma vida de eremita após uma visão da Virgem Maria, até se fixar numa ermida às margens do rio Tâmega.

Nos meandros e enredos fabulares que marcam a legenda de São Gonçalo na cultura popular, ele teria encontrado uma maneira peculiar para falar de Jesus Cristo, tocando viola e organizando bailes. Reza a tradição que, quando pregava para as moças namoradeiras ou em prostíbulos portugueses, Gonçalo se vestia de mulher, com muitas fitas coloridas, tocava viola e dançava. Usava pregos nos sapatos para mostrar que a alegria da dança curava a dor e era divina e, ao mesmo tempo, para que a mortificação não o desviasse do caminho da fé. Como vigário, celebrou matrimônios de mulheres que não eram mais virgens, o que irritou os mais tradicionais.

São Gonçalo morreu provavelmente no dia 10 de janeiro de 1259, em Amarante, no Douro. Na tradição popular, ele é considerado o protetor dos violeiros, do órgão sexual masculino e das vítimas de enchentes.

O último fato está provavelmente relacionado a uma ponte que construiu em mutirão sobre o Tâmega para ajudar os mais necessitados que precisavam cruzar o rio para trabalhar.

Consta que, durante a construção da ponte, para matar a sede dos trabalhadores, Gonçalo operou um milagre: tocou com um bastão em uma pedra e dela fez jorrar água. Admitindo, porém, que água mata a sede, mas não traz alegria, tocou em outra pedra com o mesmo bastão, e dela jorrou um excelente vinho.

Em virtude da tradição de celebrador dos matrimônios que a Igreja condenava, São Gonçalo de Amarante tem fama de casamenteiro das velhas, enquanto Santo Antônio é o casamenteiro das jovens. Por esse motivo, em seu louvor, até hoje são oferecidas tíbias — doces portugueses polvilhados de açúcar — em forma de pênis, popularmente conhecidos como os "colhões" ou "caralhinhos de São Gonçalo", patrimônios da cultura portuguesa, como pedido e pagamento de promessa pela alegria nos sortilégios da paixão e do matrimônio.

No Brasil, a evocação ao santo é especialmente presente em forma de folguedo dramático e coreográfico, com a dança de São Gonçalo. O bailado foi levado pelos portugueses para a costa do Congo e de Angola, onde adquiriu cores novas em contato com as culturas dos bantos. Chegou ao Brasil como uma celebração de origem portuguesa, mas foi redefinida pelos negros devotos do santo dançarino e violeiro de Amarante.

A celebração ao santo é muito forte no povoado de Mussuca, na cidade de Laranjeiras, em Sergipe. Lá se dança o São Gonçalo com raro vigor. Segundo a tradição, é a dança que o padre inventara, pulando em virtude dos pregos nos sapatos para falar de um Cristo de alegrias para os deserdados. Os tocadores enfeitam suas violas, tambores e cavaquinhos, e os dançadores, todos homens, bailam com suas saias — como o padre fazia — para pagar promessas. Uma mulher exerce o papel da Mariposa, que dança e canta segurando a imagem de São Gonçalo em um barco, certamente evocando a ligação dele com o rio Tâmega e com alguns mitos que o vinculam ao mar.

A RECEITA PORTUGUESA
✶ DAS TÍBIAS ✶
(os "colhões") de São Gonçalo

INGREDIENTES:
* 25 gramas de fermento para pão
* 8 colheres de sopa de açúcar
* 3 colheres de sopa de manteiga em temperatura ambiente

- 1 pitada de sal
- 2 ovos
- 300 ml de leite
- Cerca de 900 g de farinha

MODO DE PREPARO:
À exceção da farinha, junte os ingredientes num recipiente único e bata até dar liga. Vá juntando a farinha aos poucos, até a massa descolar da travessa. Deixe a massa descansar por volta de cinquenta minutos. Retire uma bola de massa e molde no feitio de um cilindro comprido. Faça um corte com uma faca numa das extremidades e enrole as pontas, formando duas bolas, uma de cada lado. Dobre um pouco a massa na outra extremidade, apertando embaixo. Pincele com gema de ovo e leve ao forno por cerca de quarenta minutos.

Enquanto as tíbias são separadas, recite as quadrinhas populares em Portugal e no Brasil que evocam o casamenteiro:

São Gonçalo de Amarante
Casamenteiro das velhas
Porque não casais as novas
Que mal vos fizeram elas?

São Gonçalo de Amarante
Casai-me que bem podeis
Já tenho teias de aranha
Naquilo que vós sabeis

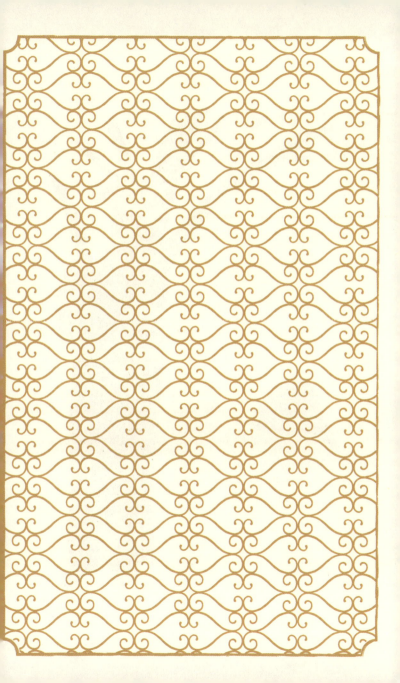

São Sebastião

O MÁRTIR FLECHADO

DIA DA FESTA LITÚRGICA: 20 DE JANEIRO

As versões, lendas e mitos mais famosos sobre São Sebastião, como os Atos atribuídos a Santo Ambrósio, indicam que ele nasceu em Narbona (província romana da Gália, hoje França) por volta do ano 250 e radicou-se em Milão, na Itália. Ainda jovem, entrou para o exército de Roma, onde chegou a liderar a primeira corte da legião de infantaria. Consta que os imperadores Maximiano e Diocleciano gostavam dele.

O soldado romano, porém, tinha uma identidade secreta: era um cristão que tentava, da posição que ocupava, amenizar a dor dos adeptos de Jesus Cristo perseguidos pelo Império Romano. Denunciado a Diocleciano por fazer constantes visitas a cristãos nas cadeias de Roma — em uma dessas visitas, teria curado a mudez de Zoé, a mulher do carcereiro —, Sebastião não negou a fé e confirmou ao imperador que era adepto do cristianismo.

Condenado por alta traição, foi amarrado em uma árvore e crivado de flechas pelos arqueiros mauritanos do Império, que receberam ordens para não atingir seus órgãos vitais, de forma que a morte fosse lenta e dolorosa. Dado como morto, teve o corpo jogado em um rio. Sebastião, apesar disso, sobreviveu, foi resgatado e tratado por Irene, viúva de Cástulo, um cristão também martirizado.

Recuperado das feridas, Sebastião resolveu enfrentar pessoalmente a Diocleciano, em pleno templo de Hércules, no dia 20 de janeiro, data em que se comemorava a divindade do imperador. O mandatário romano ordenou que ele fosse assassinado no mesmo instante por soldados que o espancaram com bastões até a morte. Seu corpo foi jogado na cloaca máxima, de onde foi resgatado por cristãos que o sepultaram em uma catacumba que hoje leva seu nome na Via Appia Antica, em Roma.

A devoção a São Sebastião difundiu-se bastante durante a Idade Média, especialmente em virtude da fama que o santo tinha de proteger as cidades contra a propagação de pestes diversas. No imaginário ocidental, é provável que tal fato se relacione à ligação entre flechas e epidemias. Já no episódio inicial da *Ilíada*, furioso pela ofensa cometida por Agamenon contra seus sacerdotes, Apolo lançou flechas nos gregos durante o cerco a Troia, espalhando entre eles febre alta e disenteria. Nos relatos populares de milagres vinculados a São Sebastião, consta que o transporte de suas relíquias para uma basílica em Roma em 680 interrompeu uma epidemia que arrasava a cidade.

É provável que decorra do símbolo da flecha a ligação estabelecida no Brasil, especialmente no Rio de Janeiro, entre São Sebastião e o orixá Oxóssi, entidade da caça e da fartura nos candomblés. Ao dançar nos candomblés, Oxóssi manuseia um ofá, o arco e flecha do caçador.

Um dos mitos mais conhecidos de Oxóssi conta que, em certa ocasião, um pássaro imenso enviado por poderosas feiticeiras pousou no telhado do palácio de Oduduá, o rei de Ifé, durante as celebrações dos novos inhames, ciclo de festas que marcava o início da colheita entre os iorubás. A presença do pássaro atrairia a peste, inviabilizaria a colheita e espalharia a fome no reino.

Diversos caçadores tentaram flechar o pássaro, que só morreria caso fosse atingido no peito, mas não foram bem sucedidos. Quando o desespero já tomava conta da população, o último dos caçadores, Oxóssi, conseguiu atingir o pássaro com a única flecha que possuía. A morte da ave salvou o reino da desgraça, da peste e da fome, trazendo a fartura.[1]

Um dos pontos mais populares dos terreiros de umbanda do Brasil abordam essa amálgama entre o mártir cristão e o orixá africano:

Naquela estrada de areia
Aonde a lua clareou
Todos os caboclos paravam
Para ver a procissão
De São Sebastião
Okê, Okê, Caboclo
Meu pai caboclo é São Sebastião.

Um aspecto dos mais notáveis do culto a São Sebastião é a vinculação entre a orientação sexual e o santo por diversos artistas homossexuais a partir do século XIX. O caso mais notável foi o do escritor irlandês Oscar Wilde, condenado em 1895 após perder um processo que abriu por difamação contra o marquês de Queensberry. Wilde era amante de Alfred Douglas, filho do marquês. Acusado pelo nobre de homossexualidade, o escritor o processou, mas perdeu o caso e foi con-

---

[1] P. F. Verger, *Orixás*, p. 118

denado a dois anos de prisão como praticante de "indecência vulgar" e "práticas contra a natureza". No cárcere, Wilde converteu-se ao catolicismo e adotou o pseudônimo de Sebastian.

O vínculo entre o santo e os gays remete-se possivelmente a dois fatos. Um deles é o de que a iconografia renascentista de São Sebastião foi deixando de ser a do militar romano barbado, trajando armadura, bruto e preparado para a guerra — como em representações do século V — e passou a ser a do jovem belo e seminu com feições andróginas, amarrado a uma árvore e crivado de flechas. É sobre essa imagem que o poeta Rainer Maria Rilke escreveu um de seus poemas mais notáveis:

São Sebastião
Como alguém que jazesse, está de pé,
sustentado por sua grande fé.
Como mãe que amamenta, a tudo alheia,
grinalda que a si mesma se cerceia.
E as setas chegam: de espaço em espaço,
como se de seu corpo desferidas,
tremendo em suas pontas soltas de aço.
Mas ele ri, incólume, às feridas.
Num só passo a tristeza sobrevém
e em seus olhos desnudos se detém,

até que a neguem, como bagatela,
e como se poupassem com desdém
os destrutores de uma coisa bela.[2]

A outra possível razão para São Sebastião virar um ícone gay é a própria legenda do mártir, assassinado em virtude da coragem de não se esconder e assumir perante a todos uma identidade cristã que, naquela conjuntura do poder de Roma, era considerada marginal e desafiadora do poder. A partir da década de 1980, esse vínculo se reforçou no contexto da difusão da Aids/HIV. Sebastião, afinal, é aquele que protege seus devotos das doenças contagiosas, e a população LGBTQIA+ foi preconceituosamente associada ao vírus.

✳ *O padroeiro do* ✳ RIO DE JANEIRO

Reza a tradição que na batalha final em que os portugueses e os temiminós enfrentaram os franceses e tupinambás pela posse do Rio de Janeiro, em 20 de janeiro de 1565, São Sebastião, santo do dia, teria aparecido de espada na mão, lutando ao lado dos portugueses.

---

2 A. de Campos (organização e tradução). *Coisas e anjos de Rilke*, p. 124-125.

Por esse motivo, foi consagrado como o padroeiro da cidade fundada pelo capitão Estácio de Sá.

A festa do padroeiro, no dia 20 de janeiro, oficialmente comemorada com missa na Igreja dos Capuchinhos, na Tijuca, e procissão até a Catedral Municipal, na Lapa, se espalha também por outras paróquias da cidade. Três comemorações merecem destaque, sobretudo pela capacidade de mobilização da população envolvida.

A primeira delas é a festa da Paróquia São Sebastião, na praia da Olaria, Ilha do Governador, com barracas, leilões, comidas e bebidas. A segunda é a comemoração da Paróquia São Sebastião e Santa Cecília, em Bangu, com leilão, barraquinhas, shows e procissão. A terceira e mais surpreendente é a tradicional festa realizada pela escola de samba Portela. São Sebastião, sincretizado com Oxóssi na umbanda, é o padroeiro da bateria da agremiação. A Portela festeja São Sebastião desde a sua fundação, em meados da década de 1920. As celebrações começam geralmente na quadra da escola, com alvorada de fogos e missa na quadra, seguida por uma carreata que leva a imagem de São Sebastião até a igreja dedicada ao santo em Marechal Hermes. A imagem, depois de abençoada, volta à quadra, onde tradicionalmente começa uma roda de samba com feijoada. A mobilização que ocorre na Portela talvez seja a mais emblemática da peculiaridade da cultura carioca em relação ao padroeiro, profundamente marcada pelas encruzilhadas religiosas e pela ruptura de barreiras entre o sagrado e o profano.

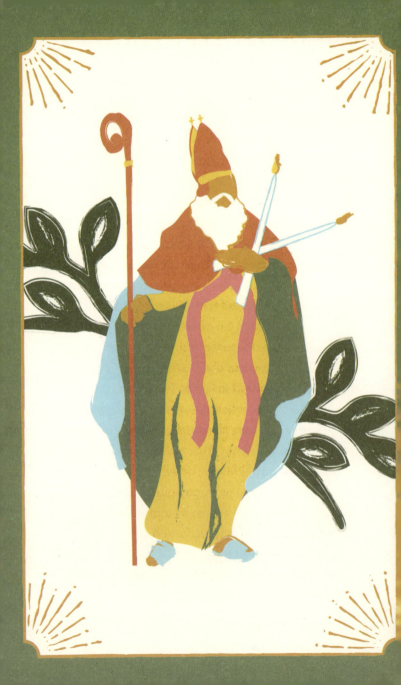

SÃO BRÁS E A
✵ ✵ ✵
cura da garganta

DIA DA FESTA LITÚRGICA: 3 DE FEVEREIRO

São Brás foi o bispo de Sebaste (Armênia) martirizado no século IV durante a perseguição romana aos cristãos. A hagiografia diz que São Brás teria tirado com a mão o espinho da garganta de uma criança, fazendo assim seu primeiro prodígio milagroso. Vem daí a sua fama.

Existem registros de inúmeras rezas e simpatias dedicadas a ele no repertório da cultura popular, a saber:

★ Em caso de engasgo, dê três tapinhas nas costas das crianças repetindo o nome do santo: "São Brás, São Brás, São Brás."

★ Na véspera do dia do santo, coloque um copo com água na frente de uma imagem dele. No dia, beba a água colocada na frente da imagem, repetindo quadrinhas, evocando seus poderes curativos.

★ Cruze duas velas sobre a garganta de quem esteja com algum problema na região, rezando a seguinte oração:

Por intercessão de São Brás, Bispo e Mártir
Livre-te Deus do mal da garganta e de qualquer
outra doença.
Em seguida, acenda as velas aos pés do santo.

★ Bata nas costas de quem soluça, que deve beber água ao mesmo tempo, e reze:

São Brás, São Brás
Desafoga esse rapaz
Para a frente e para trás.
São Brás, São Brás
Desafoga essa menina
Para baixo e para cima.

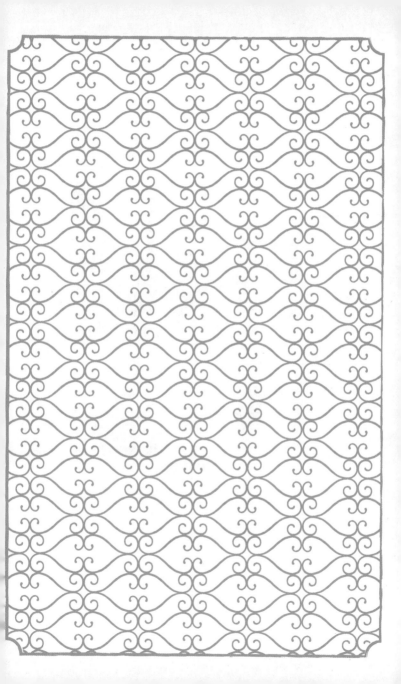

DIA DA FESTA LITÚRGICA: 15 DE MARÇO

São Longuinho, popularização do nome de São Longino nos países ibéricos e na América do Sul, é santo de legenda incerta e baseada em raros relatos. O primeiro enigma que cerca a hagiografia é a incerteza em relação ao seu nome verdadeiro. Longino vem de *longinus*, latinização do grego *lonke* — em português, lança.

Diferentes versões sobre o suplício de Jesus indicam que Cristo, logo após ter dado o último suspiro na cruz, teve um dos lados do corpo perfurado pela ponta da lança de Longino, um centurião romano que procurava atestar a morte do condenado. Da ferida aberta saiu água misturada com sangue. O líquido respingou nos olhos de Longino, que, segundo a legenda, tinha um problema raro de visão. Naquele mesmo momento, foi curado, caiu de joelhos e se converteu. Nesse sentido, a tradição diz que o centurião romano foi o primeiro convertido não judeu da história do cristianismo. Por ter aderido ao cristianismo e renegado o poder de Roma, foi torturado e decapitado em Jerusalém.

Uma das relíquias mais cobiçadas pelos cristãos é exatamente a lança que perfurou Jesus, popularmente conhecida como "Lança do Destino" ou "Santa Lança". Existem inúmeras histórias sobre o destino do objeto sagrado.

Numa das versões, ela foi venerada em Jerusalém até que a cidade foi tomada pelos exércitos do rei persa Cosroes II no início do século VII. A ponta da lança, que estava partida, foi levada a Constantinopla e depositada na Igreja de Santa Sofia.

Em 1453, Constantinopla foi conquistada pelos turcos otomanos. Por essa versão, o sultão Bajazeto II enviou a relíquia ao papa Inocêncio VIII em troca da libertação de um de seus irmãos, que estava preso em Roma. Desde então, a relíquia nunca mais teria sido retirada de Roma, onde permaneceria secretamente conservada sob a cúpula da Basílica de São Pedro.

Outra versão relata que a lança teria parado misteriosamente em Antioquia, Turquia, durante a Primeira

Cruzada, em 1098. Dali, teria sido levada para Etchmiadzin, na Armênia, permanecendo lá até hoje. Ainda há o relato de que a lança estaria em Cracóvia, Polônia, há pelo menos oito séculos.

Finalmente, uma quarta versão dá conta de que as lanças que estão em Roma, na Armênia e na Polônia são falsas. A verdadeira estaria na Áustria, em Viena, onde passou a ser conhecida como a Lança de São Maurício. Em outra versão, porém, a lança que está em Viena seria na verdade a que pertenceu ao imperador Constantino, que teria acoplado a ela um prego da própria cena da crucificação de Jesus.

No Brasil, São Longuinho é popularíssimo como o santinho a quem devemos recorrer para encontrar objetos perdidos. A mesma função também costuma ser exercida por Santo Antônio. Uma vez achado o objeto perdido, devemos dar três pulinhos em agradecimento (há também quem diga que os pulos tem que ser acompanhados por gritos evocando o santo). As versões sobre a origem desse poder não têm referências canônicas, mas estão entranhadas na cultura popular.

Uma delas, a mais famosa, lembra que Longino foi canonizado pelo papa Silvestre II, no ano de 999. Os relatos sobre a canonização afirmam que parte importante da documentação do processo, em dado momento, se perdeu. O papa teria rogado ao próprio santo para que os documentos fossem encontrados; o que acabou ocorrendo. Viria daí a fama que o santo tem de atender aos que pretendem encontrar objetos perdidos.

Outra versão, um tanto mais fantasiosa, diz que ele era um soldado romano baixinho, gordinho, que enxergava mal. Nos jantares oferecidos pelos poderosos comandantes das tropas de Roma, sofria humilhações em virtude de seu biotipo e era obrigado a ficar debaixo das mesas, tateando e procurando objetos perdidos de quem frequentava os banquetes.

Sobre os três pulinhos para São Longuinho, temos a versão canônica e a popular. A mais aceita pela Igreja é a de que os pulinhos se referem à Santíssima Trindade: o primeiro pulo é para o Pai, o segundo é para o Filho e o terceiro, para o Espírito Santo. Já a cultura popular diz que São Longuinho seria manco. Ao caminhar manquitolando, parecia dar pequenos saltos.

Na iconografia, São Longuinho ora aparece segurando uma lanterna (em busca de objetos perdidos), ora com uma lança. A Igreja de Nossa Senhora da Escada, em Guararema, São Paulo, tem a única imagem exibida em altar de São Longuinho no Brasil. É do santo também uma das imagens que adornam a Basílica do Senhor Bom Jesus de Matosinhos, na cidade histórica de Congonhas do Campo, Minas Gerais.

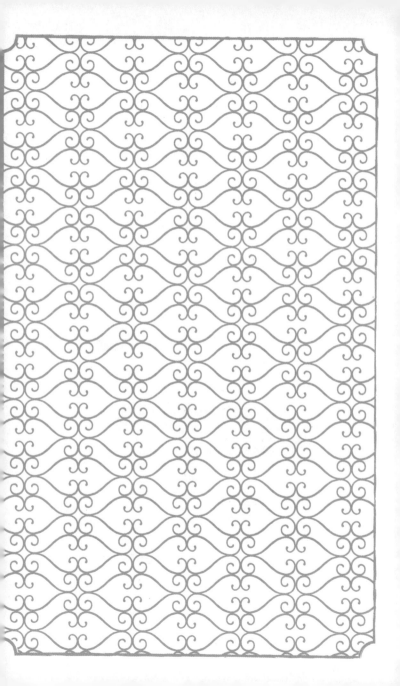

São José
O Carpinteiro

DIA DA FESTA LITÚRGICA: 19 DE MARÇO

Na tradição da cristandade, São José foi o esposo de Maria e pai adotivo de Jesus Cristo. A despeito da forte presença da devoção a ele no cristianismo popular, a referência a José nos textos dos evangelistas é superficial: Marcos não o cita pelo nome; Mateus e Lucas registram que ele era um carpinteiro, descendente do rei David e morador da aldeia de Nazaré. João o cita como membro da Sagrada Família, sem maiores aprofundamentos. A própria genealogia do esposo da Virgem Maria é nebulosa. Enquanto Lucas (3:23) se refere a ele como filho de Heli, Mateus afirma que José era filho de Jacó (1:16).

Sobre a condição de pai adotivo de Jesus, as referências mais explícitas estão no Evangelho de Mateus:

> "O Anjo do Senhor manifestou-se a ele em um sonho, dizendo: 'José, filho de Davi, não temas receber Maria, tua mulher, pois o que nela foi gerado vem do Espírito Santo. Ela dará à luz um filho e tu o chamarás com o nome de Jesus, pois ele salvará o seu povo dos seus pecados" (Mateus, 1:21-24).

Se os evangelhos canônicos nada falam sobre a morte de São José, alguns textos **apócrifos**, como a "História de José, o carpinteiro", não reconhecido oficialmente pela Igreja e provavelmente produzida no século VI, abordam o tema.

Segundo o relato apócrifo, José viveu até os 111 anos com boa saúde. Ao ser visitado por um anjo, que o comunicou sobre a morte próxima, foi ao Templo de Jerusalém e, em seguida, voltou para casa, para aguardar o fim cercado por Maria, Jesus e pelos filhos de um primeiro casamento. Na hora final, teve a alma arrebatada pelos arcanjos Gabriel e Miguel, que o conduziram ao Paraíso. Em algumas versões, Jesus teria banhado e ungido o corpo de José com bálsamo.

Na Idade Média, chegou a ocorrer um debate teológico sobre a necessidade ou não de se citar São José como personagem relevante na vida de Cristo. O grande defensor do santo foi Tomás de Aquino, que abraçou a causa da relevância de José no plano da encarnação. Segundo o filósofo, se Maria não fosse casada, os judeus a apedrejariam. Além disso, Jesus, na infância e na juventude, certamente precisou da condução responsável e dos cuidados de um pai humano.

O culto a São José só foi oficializado pela Igreja católica apostólica romana no século XI, quando a ele foi erguido um oratório na Catedral de Parma (1074) e construída uma igreja em Bolonha (1129). As primeiras referências das celebrações ao santo no dia 19 de março são do século XIV e a oficialização da data foi feita durante o papado de Gregório XV, em 1621.

Em 1870, ele foi alçado pelo papa Pio IX à posição de padroeiro da Igreja, com direito a um culto superior aos demais santos. Apenas com o papa Francisco, em um decreto da Congregação para o Culto Divino, de 1º de maio de 2013, foi incluída oficialmente uma menção a São José na oração eucarística, imediatamente depois do nome de Maria e antes dos nomes dos apóstolos.

Se do ponto de vista institucional o culto a São José só se configura tardiamente, na cultura popular, a devoção ao santo é das mais tradicionais. Consolidou-se no imaginário popular a devoção a um santo humilde, trabalhador, operário, dedicado ao filho de Maria, capaz de abrir mão de qualquer projeto pessoal para salvar a Virgem e o Menino da perseguição implacável de Herodes, deixando o próprio lar para se refugiar no Egito. Na Carta Apostólica *Patris Corde*, lançada em 2021, o papa Francisco ressaltou o caráter de refugiado de São José, em um contexto em que a situação dos migrantes e refugiados era das mais dramáticas no mundo.

Na cultura popular brasileira, a devoção a São José é especialmente marcante no sertão nordestino, com especial destaque no Ceará (estado do qual o santo é padroeiro) e tem forte relação com o cultivo da terra, as chuvas, os riscos da seca e as rogações para a boa colheita. Tal fato é curioso, já que não há aparentemente nada que ligue o santo às chuvas em sua trajetória canônica.

A provável origem dessa ligação inusitada parece ser simples: o dia consagrado a São José, 19 de março, marca o fim do verão e o equinócio do outono, período que anuncia o começo da época das chuvas no agreste e no sertão. As chuvas constantes no dia do santo acabaram fortalecendo a popularidade dele entre os sertanejos, consolidando a crendice de que se a chuva cai no dia de São José, é sinal de que a safra que vem pela frente será próspera.

Além disso, manda a tradição sertaneja que o milho, cultivo fundamental para a cultura alimentar nordestina, tenha a semente plantada no dia de São José para que a espiga seja colhida no dia de São João, em 24 de junho, conforme registra a famosa canção "São João do Carneirinho", de Luiz Gonzaga e Guio de Moraes:

Eu prantei meu mio todo no dia de São José
Se me ajudar, a providença, vamos ter mio a grané
Vou cuiê, pelos meus carco, vinte espiga em cada pé
(Pelos carco, vou cuiê vinte espiga em cada pé)
Ai São João, São João do Carneirinho
Você é tão bonzinho
Fale com São José
Fale lá com São José, peça pra ele me ajudar
Peça pro meu mio dar
vinte espiga em cada pé

Há ainda a referência a São José como um santo casamenteiro mais responsável que Santo Antônio. Enquanto este tem a fama de arranjar qualquer tipo de casamento pedido pelos devotos, inclusive os mais desastrados, São José tem a fama de arranjar casamentos mais firmes, sólidos, com pessoas dispostas a sacrificar a vida pessoal em nome da felicidade e da segurança da família. Exatamente como ele fez com Maria e o Menino Jesus, aliás.

DIA DA FESTA LITÚRGICA: 19 DE ABRIL

A popularidade que Santo Expedito adquiriu é das mais surpreendentes na história do cristianismo. Sobre ele praticamente não há registros históricos. A única referência conhecida até hoje é uma nota no *Martirológio Romano* que apenas o cita como um dos santos mártires da Armênia, ao lado Hermógenes, Gaio, Gálatas, Rufo e Aristônico. Também não há qualquer sepultura em seu nome ou relíquias que sejam objetos de adoração. Tais fatos sugerem dúvidas a historiadores sobre a existência do santo. O seu próprio nome é desconhecido, já que *expeditus* em latim é adjetivo que significa "o ligeiro", "o rápido", "o desembaraçado".

Se os registros históricos escasseiam, a tradição popular é pródiga em relatos sobre o santo. Consta que ele foi um soldado a serviço de Roma, no século IV, comandando a 12ª Legião, a "Fulminata", encarregada de defender o Império Romano contra os povos da Europa Oriental refratários ao poder dos romanos. Com este objetivo, viajou para diversos cantos da Europa e da Ásia Menor. Como era cristão, foi martirizado e decapitado na última grande perseguição do Império Romano contra os devotos de Jesus Cristo, durante o governo de Diocleciano, no dia 19 de abril do ano 303.

A mais famosa história popular sobre Expedito é a que relata como ele foi tentado, prestes a se converter ao cristianismo, por um corvo a serviço do demônio que buscava adiar a sua conversão gritando: *"cras! cras!"* (em latim, "amanhã"). Expedito teria então esmagado o corvo, gritando com veemência: *"hodie!"* (hoje!), convertendo-se imediatamente. Em virtude dessa tradição, a imagem de Santo Expedito retratada em santinhos e esculturas é marcada por uma cruz onde está escrita a palavra *"hodie"*, e pelo corvo esmagado por seu pé direito, ao lado da palavra *"cras"*.

Expedito é considerado o santo das causas urgentes e o protetor dos viajantes. Estudantes que precisam de boas notas podem recorrer a ele, assim como todos os que querem resolver questões com a máxima urgência. Em alguns terreiros de umbanda, é comum a aproximação entre Santo Expedito e Ogum

Sete-Ondas, entidade que atende e resolve demandas com prontidão.

O culto a Santo Expedito no Brasil é tardio, tendo se desenvolvido mais a partir do século XX. A primeira igreja dedicada ao santo é de 1942: a capela da Polícia Militar de São Paulo, no bairro da Luz. Santo Expedito é o padroeiro da corporação. A título de sugestão, me parece possível perceber que a devoção a Santo Expedito é muito marcada pelas urgências geradas pela vida urbana, onde o tempo escasseia e as coisas precisam ser definidas com a maior rapidez. O santo é, nesse sentido, mais cultuado em um Brasil urbano que rural.

Em alguns lugares do Brasil há quem peça a Santo Expedito ajuda para pagar dívidas urgentes em dinheiro. Nesse caso, porém, prevalecem mais os pedidos para Santa Edwiges, a padroeira dos endividados. Nascida em 1174 e casada aos doze anos de idade com um nobre polonês riquíssimo, Edwiges aproveitava as viagens do marido para visitar povoamentos e ajudar a prostitutas, lavradores e órfãos de guerra, pagando suas dívidas. Quando ficou viúva, aos 69 anos, recolheu-se a um convento, mas manteve a tradição de pagar dívidas dos pobres até a morte.

Fica a dica: para causas urgentes, a promessa é para Santo Expedito. Para dívidas, é a Santa Edwiges que os pedidos devem ser feitos.

São Jorge
O Guerreiro

DIA DA FESTA LITÚRGICA: 23 DE ABRIL

O mais antigo registro escrito sobre a vida e a santidade de São Jorge é o fragmento de um texto grego do século V, escrito por alguém que se identifica como um "discípulo do Mestre Jorge". Nele, são feitas referências ao martírio do santo, que teria sido vítima de marteladas no crânio, suplícios com pregos e ataques de aves de rapina, como um Prometeu. Constam também as descrições de alguns milagres, dentre eles, a cura do filho de uma viúva, a salvação de um boi e a ressureição e batismo de quatrocentas pessoas.

O segundo relato da hagiografia de São Jorge, do ano de 916, se tornou mais popular. Por ele, Jorge nasceu na Capadócia, região de Anatólia, atual Turquia. Foi filho de Gerôncio e Policrômia, cristãos de origem grega. Entrou muito jovem para o Exército de Roma, morou em Nicomédia (hoje Izmit, Turquia) e foi tribuno militar e membro da guarda pessoal do imperador Diocleciano.

Em 303, Diocleciano lançou o édito que condenou à cadeia os soldados romanos cristãos e estabeleceu a obrigatoriedade de que todos fizessem oferendas aos deuses de Roma. Jorge enfrentou o imperador, declarou-se cristão, recusou benefícios para renegar a fé em Cristo e foi torturado com requintes de crueldade. Suportou verdadeiros horrores: foi submetido à roda de gládios, andou sobre o fogo e saiu ileso de uma fossa de cal. Teria sido degolado, por ordens do próprio Diocleciano, no dia 23 de abril de 303, em Nicomédia. Seus restos mortais teriam sido levados para Dióspolis (hoje Lida, em Israel).

Entre os milagres atribuídos a São Jorge nesse segundo relato, consta que ressuscitou um morto (o primeiro relato falava de quatrocentos), salvou o boi de Glicério, um camponês pobre, e converteu a imperatriz Alexandra à fé em Cristo.

A reabilitação romana de São Jorge teria ocorrido a partir da conversão do imperador Constantino ao cristianismo, após vencer Magêncio, contra quem disputava o trono de Roma, na batalha de Ponte Mílvia, em 28 de outubro de 312. Segundo o bispo Eusébio de Cesareia (260/65-339/40), considerado o primeiro historiador do cristianismo, o imperador sonhou com uma cruz ao mirar o Sol na véspera da batalha. Nela estava escrita a frase *"In hoc signo vinces"* — Em português, "Por este sinal, conquistarás".[1]

Ainda de acordo com essa tradição, o próprio Constantino mandou erguer um oratório aberto aos fiéis de Jorge no local de seu sepultamento, fato marcante para a rápida difusão de seu culto pelo Oriente e, posteriormente, pelo mundo.

Na *Legenda áurea*, coletânea com relatos sobre a vida dos santos organizada no século XIII por Jacopo de Varazze, arcebispo de Gênova, difundiu-se pela primeira vez o enredo que envolve São Jorge e o dragão. Diz a legenda que um dragão famigerado vivia perto das muralhas de Lida. A ele, eram oferecidos animais de todos os portes. Um dia, os rebanhos acabaram e a solução foi fazer um sorteio para que fosse oferecido um habitante da cidade ao dragão, que desta maneira ficaria saciado. A sorteada foi a filha do rei. Quando a moça já estava prestes a ser devorada, São Jorge apareceu, dominou o dragão, amarrou o danado e o condu-

---

1   C. Fraga; L.A. Simas, *Guerreiro*.

ziu à cidade, prometendo, caso o povo de Lida se convertesse ao cristianismo, matar a fera com a sua lança.

Os cristãos são hoje uma pequena minoria na Turquia, terra do santo. O islamismo é dominante em número de seguidores, sendo a religião declarada por mais de 90% da população. Os cristãos não chegam a 1 % da população do país e se dividem em cristãos armênios, siríacos, ortodoxos gregos e adeptos de cultos latinos; como os católicos romanos.

Apesar disso, o cristianismo tem uma história na Ásia Menor de enorme relevância. A região é considerada fundamental para a propagação da fé em Jesus Cristo. Segundo a tradição, os seguidores de Cristo foram chamados de "cristãos" pela primeira vez em Antioquia (hoje Antáquia, no sudeste turco), cidade fundada no século IV a.C. na margem esquerda do rio Orontes.

Há relatos ainda de que São Paulo passou pela região em ao menos duas ocasiões. Nos limites da atual Turquia, ocorreram também os sete primeiros Concílios Ecumênicos da tradição ortodoxa. A área ainda é marcada pelo passado histórico das comunidades que São João nomeou como as "Sete Igrejas da Ásia Menor": Éfeso, Esmirna (Izmir), Pérgamo (Bergama), Thyatira (Akhisar), Sardis, Philadelphia (Alasehir) e Laodicea.

A região em que teria nascido São Jorge é também importante para a história do cristianismo. A Capadócia faz parte da Anatólia Central que, ao longo dos tempos, variou em relação aos seus limites. Tem formações geológicas peculiares em virtude de erosões das rochas com predominância de calcário que produziram as popularmente conhecidas "paisagens lunares" ou "chaminés de fadas".

Por ter sido uma encruzilhada de rotas comerciais entre o Ocidente e o Oriente na Antiguidade, a Capadócia foi alvo constante de disputas. Como estratégia de defesa, seus habitantes construíram cidades subterrâneas (como as de Derinkuyu e Kaymakli, as mais famosas), habitações e igrejas escavadas nas rochas. Várias dessas igrejas são atribuídas aos primeiros cristãos e seriam oriundas de um período em que o culto era perseguido.

No Museu a Céu Aberto de Göreme, diversas igrejas esculpidas nas rochas e mosteiros guardam ainda a vivacidade de afrescos de estilo bizantino, com destaques para a Igreja de Santa Bárbara (decorada com animais mitológicos, símbolos militares e padrões geométricos), a Igreja da Maçã, com afrescos que apresentam cenas bíblicas e da vida de Cristo, e a Igreja da Serpente, com um afresco de uma cobra sendo morta por São Teodoro e por São Jorge.

A mais provável origem do nome "Capadócia" remete aos hititas, povo indo-europeu que dominou a região e construiu um vasto império que se estendeu por parte das atuais Turquia, Síria e do atual Líbano em um passado remoto. Capadócia seria a "terra dos cavalos de raça", ou "a terra dos belos cavalos". Um nome apropriado para o santo guerreiro que, tempos depois dos hititas, ali nasceu.

Já em relação à Europa, a difusão do culto a São Jorge está ligada à ocorrência das Cruzadas e ao perfil de guerreiro e defensor de territórios que o santo adquire. Nesse sentido, a simbologia do combate ao dragão aparece com grande importância.

O fato não surpreende. O combate a dragões é muito presente no imaginário europeu. No Norte da Europa, o dia 23 de abril era dedicado à celebração de Sigurd (ou Siegfried), o grande caçador de dragões da mitologia nórdica, personagem da *Saga dos volsungos*. Na disputa — repleta de incorporações de sentidos envolvendo divindades e fluxos de forças vitais — entre o paganismo e o cristianismo, os atributos de Sigurd foram provavelmente amalgamados aos de São Jorge. A espada do guerreiro nórdico foi incorporada ao mártir católico. O dragão da cobiça e da traição, combatido por Sigurd, se encontra com o dragão da falsa idolatria combatido por Jorge da Capadócia. No calendário cristão, a celebração de Jorge é feita no dia da celebração do guerreiro nórdico volsungo. O combate ao dragão está presente em outras hagiografias de santos medievais, como é o caso mais notório de São Marcelo, que enfrentou um dragão para defender Paris de toda a sorte de inimigos.

Na Inglaterra, o rei Ricardo I nomeou São Jorge como protetor de uma das expedições da Terceira Cruzada (1190), desenhando nos uniformes dos cruzados a cruz vermelha do santo, hoje presente na bandeira do país. No século XIV, Eduardo III colocou sob a proteção do santo a Ordem da Jarreteira, a mais antiga Ordem de cavalaria britânica; baseada, segundo o monarca, no espírito das Cruzadas e na demanda do **Santo Graal**. A Ordem é formada por 24 membros, a soberana e o príncipe de Gales.

São Jorge é também o padroeiro de Portugal. A presença do santo é especialmente forte no imaginário da Reconquista portuguesa contra a presença muçulmana na Península Ibérica. No processo de formação do reino português, o santo foi honrado com uma igreja por Afonso Henriques (1109 – 1185), recebeu o cavalo de Sancho I como herança e o Rei Afonso IV passou a evocá-lo no grito de guerra.

Na dinastia de Avis, São Jorge foi considerado o interventor divino na guerra que os portugueses travaram contra Castela. Foi elevado por d. João I, o Mestre de Avis, à condição de padroeiro de Portugal, por ter intercedido a favor dos portugueses na Batalha de Aljubarrota (1385). Durante o reinado de d. João I foram iniciadas as obras do Mosteiro da Batalha, foi erguida uma igreja de São Jorge nos campos de Aljubarrota e dado ao paço régio o nome do santo: Castelo de São Jorge, em Lisboa.

Desde 1387, São Jorge foi introduzido na procissão do Corpo de Deus (Corpus Christi), a mais importante de Portugal. A Irmandade de São Jorge de Lisboa, do mesmo período, era formada por ferreiros, cuteleiros, ferradores e barbeiros. Tinha como sede o Hospital Real de Lisboa e foi muito ligada ao Santo Ofício da Inquisição, decaindo com a desativação do órgão no século XIX.

Além dos casos notórios da Inglaterra e de Portugal, o culto a São Jorge está presente em inúmeros cantos da Europa. Padroeiro da Catalunha, da Sérvia, da Geórgia, da Lituânia, de Moscou e de diversas outras cidades europeias, o guerreiro cavalga pelo continente como se estivesse em casa.

⭐ JORGE ⭐
brasileiro

Com a chegada da corte de d. João VI ao Rio de Janeiro, em 1808, o culto a São Jorge, de quem o monarca era devoto, cresceu muito na cidade, e a tradição do patrono dos ferreiros, barbeiros e fazedores de faca da

Irmandade de São Jorge de Lisboa se espalhou. Talvez esteja aí uma das razões que de certa forma explicam os entrecruzamentos que ocorreram por aqui entre São Jorge e o orixá Ogum, patrono dos ferreiros e cuteleiros para os iorubás.[2] Parece evidente que o perfil guerreiro dos relatos míticos e exemplares de ambos aproxima Ogum e São Jorge, mas a metalurgia e os cultos secretos dos iniciados nos mistérios do ferro e das lâminas dos cutelos, fazedores de faca, pode perfeitamente ser um elo importante da amálgama entre o santo e o orixá na encruzilhada da diáspora.

O padroeiro da cidade do Rio de Janeiro é São Sebastião, festejado no dia 20 de janeiro. A festa de santo mais popular na cidade, todavia, é a de São Jorge, no dia 23 de abril. Uma das concentrações mais significativas de devotos do santo ocorre no Centro da cidade, onde há uma capela em homenagem ao guerreiro anexa à Igreja de São Gonçalo Garcia, no Campo de Santana. Apesar disso, não há dúvidas de que a grande concentração de devotos se localiza mesmo nos bairros suburbanos cariocas, aqueles cortados pela linha do trem.

A presença de São Jorge nos subúrbios, especialmente em seu perfil de guerreiro que supera as dificuldades, sufocos e demandas é extremamente forte.

---

2   R. Bastide, *As religiões africanas no Brasil*.

A principal igreja dedicada ao cavaleiro na cidade do Rio de Janeiro e a mais movimentada da região fica no bairro de Quintino Bocaiúva, na rua Clarimundo de Melo. A festa do santo, precedida por uma alvorada anunciada por clarins militares e queima de fogos, é marcada pela fascinante mistura entre o sagrado e o profano. A missa, as quermesses, as rodas de samba, os leilões de prendas, o pagamento de promessas, o mar de gente trajando o vermelho e o branco — as cores do manto do santo, utilizadas nas giras de umbanda pelos devotos de Ogum — fazem do festejo a mais popular celebração religiosa carioca do século XXI.

Um dos eventos mais impactantes das celebrações suburbanas do santo é a tradicional carreata com a imagem de São Jorge realizada pelo Grêmio Recreativo Escola de Samba (GRES) Império Serrano. A imagem sai da quadra da escola, em Madureira, nas primeiras horas da manhã, passa pela paróquia do santo, em Quintino, atravessa bairros próximos como o do Engenho de Dentro e retorna ao celeiro dos bambas imperianos no final do dia. Madureira, aliás, é um bairro marcado pela existência do maior mercado popular da cidade, o Mercadão de Madureira, com uma profusão de lojas que vendem artigos religiosos de umbanda e candomblé. Ao lado de imagens de exus, malandros e pombagiras, a estátua do guerreiro montado em seu cavalo matando o dragão é das mais populares e negociadas do local.

São Jorge é o protetor dos apontadores do jogo do bicho — loteria popular das ruas —, está presente em bandeiras de clubes de futebol, protege quadras de escolas de samba, prostíbulos e balcões de botequins; inspira tatuagens, camisas, grafites, toalhas de rosto, pulseiras, medalhas de ouro, cordões e anéis de prata. Trafega pelos trilhos dos trens suburbanos, povoa o imaginário das luas cheias e derrota os perrengues daqueles que matam diariamente os dragões cotidianos para sobreviver e festejar.

Já o citado Ogum é um orixá — divindade originalmente cultuada pelos iorubás da Nigéria e do Benin — dos mais populares no Brasil. É ele que ocupa, no panteão das divindades, a função do herói civilizador, senhor das tecnologias e metalurgias e do general capaz de realizar prodígios militares. Foi ele, por exemplo, que, no conjunto de relatos exemplares dos iorubás, ensinou o segredo do ferro aos demais orixás e mostrou a Oxaguiã como fazer na forja a enxada, a foice, a pá, o enxadão, o ancinho, o rastelo e o arado. Desse modo, permitiu que o cultivo em larga escala do inhame salvasse da fome o povo da cidade de Ejigbô. Em agradecimento ao ferreiro, Oxaguiã passou a usar em sua roupa branca um laço azul — a cor de Ogum.

No Novo Mundo, especialmente no Brasil e em Cuba, a face mais marcante do orixá — a do ferreiro, patrono da agricultura, inventor do arado, desligado de bens materiais, senhor das tecnologias que mataram a fome do povo e permitiram a recriação de mundos como arte — praticamente desapareceu.

A explicação não é nova: a agricultura nas Américas estava diretamente ligada aos horrores da escravidão. Como querer que um escravizado, submetido ao infame cativeiro e aos rigores da lavoura, louvasse os instrumentos do cultivo como dádiva? Como enxergar no arado, na enxada e no ancinho instrumentos de libertação, quando os mesmos representavam a submissão ao senhor e o fruto da colheita não pertencia a quem arava o solo?[3]

Ogum foi perdendo, então, o perfil fundamental de herói civilizador. Seu culto entre nós, cada vez mais, se ligou aos mitos do guerreiro. Ogum é o general da justiça e da reparação contra o horror do cativeiro. Nos ritos do candomblé, a ele são oferecidos bodes, galos e carás temperados no azeite de dendê. Na Bahia, São Jorge não é aproximado a Ogum, e sim a Oxóssi, orixá da caça e da fartura.

---

3   L.A. Simas, *Pedrinhas miudinhas: ensaios sobre ruas, aldeias e terreiros*.

É muito presente no Brasil a ligação entre a fé e a paixão pelo futebol. Muito mais que um esporte, o jogo inventado pelos ingleses se transformou em um símbolo de identidade nacional dos mais fortes no país. Crendices, orações, promessas, culto aos santos, sincretismo, misticismo, relatos de milagres, interferências do sobrenatural em conquistas e derrotas fazem parte do fértil imaginário do esporte em terras brasileiras. Um dos mais contundentes exemplos dessa ligação é a relação entre o Sport Club Corinthians Paulista e São Jorge

A origem da ligação entre o santo da Capadócia e o Corinthians tem duas versões que se complementam. A primeira faz referência à sede social do clube, fundado no dia 1 de setembro de 1910, por operários do bairro do Bom Retiro, que só conseguiu adquirir o terreno para a sua sede social em 1926. O endereço explicaria o surgimento da ligação mais íntima com o santo: Rua São Jorge, 777, Parque São Jorge, no bairro do Tatuapé.

Outra explicação faz referência ao Corinthians F.C. de Londres, que excursionava pelo Brasil à época da fundação do clube paulista e inspirou o nome do time fundado no Bom Retiro. A equipe inglesa tinha São Jorge, de culto vastamente difundido entre os britânicos, como padroeiro. O detalhe teria influenciado o homônimo de São Paulo.

A ligação entre o santo popular e o time do povo cresceu bastante no período em que o Corinthians passou por um jejum de 23 anos sem títulos, entre 1954 e 1977. No período, a torcida corintiana passou a ser conhecida como a "Fiel", por não abandonar o clube na fase das vacas magras, e o apelo apaixonado e místico à força guerreira de São Jorge se fortaleceu entre os torcedores alvinegros.

No dia 26 de novembro de 1967, durante a gestão do presidente Wadih Helu, foi inaugurada na sede social do clube a capela de São Jorge. Em 1994, a capela foi consagrada por um corintiano famoso: o então cardeal arcebispo de São Paulo, d. Paulo Evaristo Arns. Na ocasião, foi sacralizada uma imagem do santo esculpida na Turquia, adquirida pela presidente Marlene Matheus, e abençoada em Roma pelo papa João Paulo II.

Virou tradição, a partir daí, a realização da missa para a família corintiana em todo primeiro domingo do mês e a realização de batizados aos sábados. Diversos casais de torcedores corintianos passaram a batizar os filhos na capela do santo, em um ritual em que a consagração à Igreja católica se mistura com a devoção a São Jorge e ao time de futebol.

Quem assiste a algum jogo do Corinthians com o olhar atento, percebe aqui e ali referências a São Jorge no meio da torcida. Tatuagens, medalhas, faixas e camisas

ressaltam a ligação apaixonada entre a massa corintiana e o guerreiro do elmo e da lança. O santo da Capadócia, soldado de Roma, padroeiro da Inglaterra, da Geórgia, da Lituânia, da Catalunha, da Sérvia, de Montenegro, de Londres, de Moscou e de Barcelona, frequenta também, apaixonadamente, as arquibancadas do Brasil.

✳ A COTAÇÃO ✳ DO CAVALO

No jogo do bicho, a loteria popular criada no Rio de Janeiro no final do século XIX, existe um código de conduta que envolve a cotação da milhar: todos os envolvidos devem cumprir o estabelecido e a coisa é fiscalizada. Mas como é isso?

A banca que comanda o jogo estabelece previamente que não vai pagar o prêmio integral quando uma grande quantidade de pessoas aposta no mesmo número. Como dizia Natal, bicheiro dos mais famosos em Madureira e durante muito tempo o maior dirigente da Portela, o jogo funciona porque cada um tem um palpite. Se todo mundo jogasse no mesmo milhar, e se ele saísse em um sorteio, a banca quebraria, não tendo como pagar o prêmio integral aos apostadores.

Quando a mídia anunciou, por exemplo, que 2.996 morreram nos atentados terroristas de 11 de setembro de 2001, nos Estados Unidos, houve uma grande quantidade de pessoas jogando nesse milhar. Imediatamente houve uma ordem para a cotação do número, reduzindo o prêmio a 50%.

Não é o objetivo aqui ensinar como se joga no bicho. Basta dizer que o cavalo é o animal do grupo 11, e suas dezenas são 41, 42, 43 e 44. Para saber a centena, basta adicionar um número de 0 a 9 antes dos números. O milhar do cavalo também segue na mesma lógica, com a diferença de que é preciso acrescentar dois números de 00 a 99. São milhares do cavalo, por exemplo, 1242, 2044, 9341, 2743...

No dia 23 de abril, festa de São Jorge, o cavaleiro que matou o dragão, o milhar do cavalo é cotado nas bancas do bicho no Brasil inteiro.

Rosas para Santa Rita, *lenços para Santa Sara*

– DIAS DAS FESTAS LITÚRGICAS –

SANTA RITA: 22 DE MAIO ★ SANTA SARA: 24 DE MAIO

Nascida em Roccaporena, Itália, em 1381, Margherita Lotti, a Santa Rita de Cássia, teve uma vida difícil. Casou-se com um homem violento, que só se acalmou depois de ter se convertido ao cristianismo, por iniciativa da esposa. O marido acabou sendo assassinado em um combate feudal. Os dois filhos também morreram precocemente, em algumas versões, vitimados pela lepra. Viúva e sem filhos, Rita acabou vivendo os quarenta anos seguintes à morte dos familiares em um convento, para onde foi depois de ter sido arrebatada por uma visão de Santo Agostinho (em algumas versões, São Francisco), São Nicolau e São João Batista.

O prodígio mais famoso atribuído à santa é o chamado "milagre da rosa". O fato ocorreu quando, poucos meses antes de sua morte, Rita foi visitada no convento por um parente que, na hora de partir, perguntou o que ela desejava ganhar. A santa disse que não queria nada demais, apenas uma rosa do quintal do visitante. Como era inverno e a neve tomava conta dos jardins, o desejo parecia impossível. Qual não foi a surpresa do parente quando, ao voltar para casa, viu que no meio da neve uma única rosa tinha florescido. O parente levou a rosa de presente para Rita. Em algumas versões da história, a mesma coisa ocorreu em relação a figos maduros, que nasceram fora da época em virtude do desejo da santa.

Segundo a legenda de Santa Rita, ela também se enquadra no caso dos santos que possuíram o chamado "corpo incorrupto", fenômeno que ocorre quando, mesmo passado bom tempo da morte, o corpo não se decompõe.

Por tudo que passou em vida, Santa Rita é considerada a padroeira das causas impossíveis, protetora dos doentes, das mães e das viúvas. Há inúmeros registros de orações e simpatias dedicadas a Santa Rita na cultura popular, mas o grande rito de fé que envolve a devoção a ela é a "benção das rosas", realizada sempre no dia 22 de maio, data da sua festa litúrgica. Nesse dia, em santuários do mundo inteiro, rosas vermelhas são abençoadas para que tragam aos fiéis o amor, a perseverança e a conquista de desejos aparentemente impossíveis. Os pedidos devem ser acompanhados de orações em forma de quadrinhas populares. Uma das mais famosas no Brasil é a seguinte:

Santa Rita das causas impossíveis
Nos livre de toda a aflição
E tire a ansiedade
De dentro do meu coração.

OS LENÇOS DE Santa Sara

É incomensurável — e pouco conhecida — a relevância dos ciganos na história do Brasil, desde o período colonial, quando membros do grupo Calon fugiram de Portugal para escapar do Santo Ofício da Inquisição e chegaram ao Maranhão. No Rio de Janeiro, capital da colônia a partir de 1763, os ciganos se estabeleceram entre o campo de Santana, o Valongo e o campo dos Ciganos (atual praça Tiradentes). Ali eles liam a sina nas linhas das mãos, eram ferreiros, latoeiros e ourives, trabalhavam no mercado de escravizados, comercializavam cavalos e atuavam também como oficiais de justiça, os chamados meirinhos. Foram estigmatizados como supersticiosos, ladrões de crianças, golpistas e ladravazes. Ao mesmo tempo, povoam o nosso imaginário como amantes da liberdade, místicos, sabedores dos segredos da magia.

Enquanto diversos povos reivindicam o pertencimento à terra como elemento constituidor da identidade, os ciganos reivindicam o contrário: a liberdade de saber que o território cigano é uma barraca velha que pode ser armada em qualquer lugar. O país do cigano, diz um dito tradicional, é o próprio corpo.

Quanto a Santa Sara — que segundo a tradição, era egípcia, de pele escura, por isso conhecida como "Kali, a negra", expressão de provável origem no sânscrito —, há ao menos duas versões sobre quem ela teria sido: uma afirma que foi parteira auxiliar de Maria no nascimento de Jesus. Outra afirma que era uma auxiliar de Maria Madalena. Em ambos os relatos, Sara teria testemunhado a Paixão de Cristo e sido lançada ao mar após a crucificação, ao lado de Maria Salomé, Maria Madalena e Maria Jacobina, em um barco sem remo e sem qualquer mantimento, para morrerem.

À deriva, Sara rezou e prometeu que, se elas se salvassem, passaria o resto da vida com a cabeça coberta por um lenço. Milagrosamente, o barco chegou intacto à costa da França, onde a tradição diz que as mulheres foram acolhidas por um grupo de ciganos. Em virtude disso, seu centro de culto é a costa francesa de Camargue, em Saintes-Maries-de-la-Mer (Santas Marias do Mar) e sua festa é marcada pela presença de ciganos de toda a Europa na cidade, que vão louvá-la com cantos e danças.

Para as ciganas, Santa Sara é a protetora da maternidade, atendendo às mulheres que tentam engravidar e buscam um bom parto. É costume cigano agradecer aos pedidos atendidos colocando diklôs (lenços coloridos) aos pés da santa. Há também quem veja a forte ligação entre o desamparo de Santa Sara, lançada ao mar em um barco à deriva, e o nomadismo dos ciganos, caminhantes sem destino certo. A santinha, aliás, protege todos os desamparados e sem rumos do mundo.

No Brasil, é comum que muitos terreiros de umbanda evoquem entidades da chamada "linha do Oriente", com a presença de espíritos de ciganos, e façam festas no dia de Santa Sara, com fogueiras, danças, comidas e bebidas. Uma das comidas servidas nessa ocasião é o manjar de Santa Sara. Vamos a ele!

✳ O MANJAR DE ✳
Santa Sara

INGREDIENTES:
✳ 1 garrafa pequena de leite de coco,
✳ 1 xícara de açúcar

* Fava de baunilha a gosto
* 3 colheres de amido de milho
* 150gr de coco ralado
* Ameixas em calda
* Clara de 4 ovos
* Raspas limão galego.

MODO DE PREPARO:

Misture os ingredientes e leve ao fogo baixo, para que cozinhe até ter a consistência de mingau. Coloque numa fôrma e leve para a geladeira até endurecer. Bata as claras em neve com açúcar, a calda da ameixa e as raspas de limão. Cubra o manjar e leve ao forno rapidamente para dourar. O manjar pode ser comido ou, no caso de um pedido de graça, ser levado ao mar e ofertado à Santa Sara. Nesse caso, deve ser coberto com pétalas de rosas e deixado na beira d'água.

SANTO ANTÔNIO

de Lisboa, de Pádua e do Brasil

DIA DA FESTA LITÚRGICA: 13 DE JUNHO

Santo Antônio nasceu em Lisboa, segundo a hagiografia, no dia 15 de agosto de 1195 e faleceu 35 anos depois, em Pádua, Itália. Seu nome de batismo era Fernando (por isso, inclusive, o poeta Fernando Pessoa, nascido em dia de Santo Antônio, em 1888, chamava-se Fernando Antônio). Sabe-se sobre sua vida religiosa que pertenceu à Ordem dos Cônegos Regulares da Santa Cruz, que seguiam as regras de Santo Agostinho. Acabou se tornando franciscano em 1220, quando adotou o nome de Antônio. Foi professor de teologia em universidades italianas e francesas, sendo considerado um grande orador. Adquiriu a fama da santidade ainda em vida, tanto que foi canonizado pelo papa Gregório IX logo após a morte.

Centenas de milagres entraram para a conta do santo no imaginário da cristandade; não é arriscado dizer que poucos santos têm tantos prodígios atribuídos à sua intervenção. Dentre eles, os mais famosos são o da aparição do Menino Jesus em seu colo durante um sermão que fazia na casa de um nobre (a imagem mais popular de sua iconografia); o sermão que fez aos peixes do mar, que o escutaram com atenção; o milagre de fazer uma mula (em outras versões um burro bravo e faminto), preterir a ração e se ajoelhar diante de uma hóstia consagrada por ele; e a restauração de um pé amputado de um rapaz.

Um dos casos ligados ao santo mais presentes na cultura popular é o de uma jovem italiana de Ferrara que se viu metida em uma confusão logo após ter parido um bebê. O marido da moça estava furioso, acreditando que não era o pai do recém-nascido. Diante da bravata do esposo, que ameaçava cometer alguma loucura por ter sido traído, Antônio visitou o casal logo depois do parto, tomou a criança em seus braços e pediu com ênfase que o próprio neném dissesse quem era o pai. Com apenas algumas horas de vida, o petiz falou que o pai era mesmo o esposo desconfiado e restaurou a paz no lar.

A fama de casamenteiro, das mais populares que acompanham Santo Antônio, se origina de uma conhecida história sobre o franciscano. Contam que ele consolou uma moça muito pobre que, por causa disso, não conseguia casar, já que a família não tinha como custear uma festa, pagar o dote e comprar o enxoval das núpcias. Frei Antônio a abençoou e, em poucos dias, a jovem recebeu doações absolutamente inesperadas e conseguiu o necessário para se casar.

Nas festas juninas mais tradicionais do interior do Brasil, era comum que moças solteiras fizessem promessas ao santo para conseguir a felicidade matrimonial. Um dos procedimentos mais peculiares do cristianismo popular brasileiro, marcado por intimidades surpreendentes entre o devoto e a santidade, eram as inusitadas "negociações com o santo", geralmente realizadas durante a trezena de Santo Antônio, rezada nos primeiros treze dias de junho. Enquanto a vida sentimental não era resolvida, a imagem de Santo Antônio sofria como criança levada que tomava castigo dos pais: era colocada atrás da porta; molhada de cabeça para baixo em um poço, colocada junto ao fogo, tinha o Menino Jesus roubado de seus braços, só poderia voltar ao nicho (altar) após a realização do pedido de casamento etc. Também era comum que as moças solteiras jogassem nas fogueiras bilhetes para Santo Antônio, com pedidos de sorte no amor.

Santo Antônio desempenhou, ainda, papel importante nas Forças Armadas brasileiras, particularmente, nos séculos XVIII e XIX, chegando a ocupar patentes diversas e a receber soldo de militar em diversos estados. A fama de ter virado militar depois de morto acompanhou o santo desde a Península Ibérica. Após conseguir escapar de Napoleão Bonaparte e chegar em segurança ao Brasil em 1808 depois de fazer uma promessa ao santo, d. João VI concedeu a ele a patente de sargento-mor das forças portuguesas, promovendo-o depois à patente de tenente-coronel.

O ENCONTRO
★ COM EXU ★

Nas encruzilhadas brasileiras em que as devoções do cristianismo — vindas não apenas de Portugal, mas também redefinidas a partir das africanizações do catolicismo na costa do Congo, entrecruzadas às crenças indígenas — produziram incessantemente amálgamas entre santos, orixás, inquices, caboclos, encantados, uma das mais interessantes é a que aproxima Santo Antônio e Exu em alguns lugares do Brasil. No vasto cancioneiro dos terreiros de umbanda, das mais diversas linhas, Santo Antônio aparece inclusive em vários pontos consagrados à linha dos Exus.

Sobre o cruzamento entre Exu e Santo Antônio na cultura popular, proponho uma hipótese que está centrada na boca e na língua. É amplamente disseminado na tradição popular o poder de comunicação que o santo tinha. Orador brilhante, capaz de se comunicar em diversas línguas e não apenas com os humanos (conforme dá conta o milagre do sermão aos peixes), Santo Antônio teve a própria língua transformada em relíquia.

Bastante doente, em virtude de um misterioso edema, Santo Antônio morreu nos arredores de Pádua, a 13 de junho de 1231. Reza a tradição que seus restos mortais, inicialmente depositados em uma igreja dedicada à Virgem Maria, foram transferidos em 1263 para a Basílica de Santo Antônio de Pádua, erguida em sua memória. Quando a tumba foi aberta para o translado, o susto maior das pessoas que participavam da cerimônia foi perceber que o esqueleto do santo tinha a língua absolutamente intacta. Presente na ocasião, o chefe geral dos franciscanos, Boaventura de Bagnoregio (que posteriormente seria também canonizado), teria exclamado: "Oh, língua bendita, sempre louvaste o Senhor e levaste outros a adorá-lo! Agora vemos claramente quão grande foi o teu valor perante Deus".

No processo de translado, a língua milagrosa, uma parte da queixada e do braço esquerdo, uma parte da pele e do cabelo e um pedaço de um pé, foram guardados como relíquias, num sarcófago de mármore, em sacos de seda escarlate bordados a ouro. A língua foi colocada num tabernáculo, protegida por vidro. Até hoje, na data da colocação da língua no relicário — dia 15 de fevereiro — é celebrada em Pádua a Festa da Língua, que inclui procissão e dois dias de celebrações.

Ao pensar em toda a tradição que envolve a língua de Santo Antônio e o poder de comunicação do santo, é inevitável que lembremos que Exu, na cosmogonia dos orixás, é o grande mensageiro, aquele capaz de estabelecer a comunicação entre o orum (o espaço invisível onde vivem os orixás e demais espiritualidades) e o ayê (o mundo material em que vivemos). A palavra, a saliva e o axé presente na fala pertencem a Exu.

Outra ligação que podemos conjecturar se refere ao episódio em que, segundo os relatos fincados na oralidade, Santo Antônio foi desafiado por inimigos a ser o primeiro a comer uma comida envenenada, já que Cristo disse que, ainda que comessem veneno, os cristãos não sentiriam seu efeito. O frei benzeu a comida e comeu tudo com gosto, deixando as pessoas impressionadas. Ganhou com isso a fama de que era capaz de comer todas as comidas e deleitar-se com elas. Nenhum mal entraria por sua boca.

É também irresistível pensar nesse relato popular sobre Santo Antônio e fazer a referência a um dos poderes mais conhecidos de Exu: o de ser o enú gbarijó — a boca coletiva dos orixás. Exu tem, nas liturgias das religiões afro-brasileiras, a primazia de comer todas as oferendas primeiro e é ainda o único orixá que não tem qualquer restrição alimentar. É por isso que ele é conhecido como "o dono da boca que tudo come". Santo Antônio é, nesse sentido, o dono da boca exusíaca da cristandade.

Além da fama de casamenteiro no Brasil, Santo Antônio disputa com São Longuinho a primazia de ser capaz de encontrar objetos perdidos e é considerado o protetor dos humildes, dos amputados, das mulheres grávidas, dos estéreis, dos idosos, entre outros.

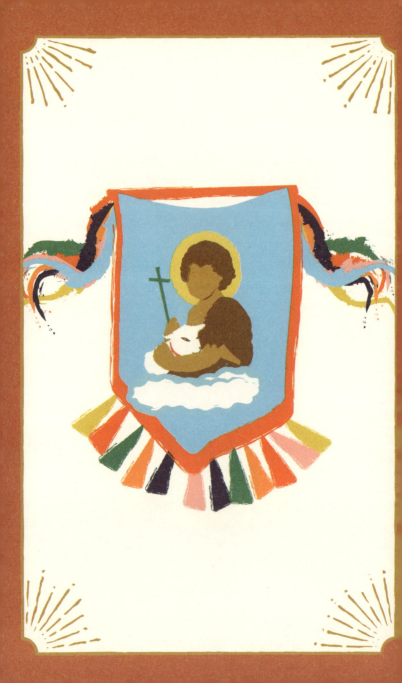

DIA DA FESTA LITÚRGICA: 24 DE JUNHO

Segundo a tradição, assentada sobretudo no Evangelho de Lucas, João foi o filho de Zacarias e Isabel — prima de Maria, mãe de Jesus —, e teve seu nascimento anunciado pelo anjo Gabriel. Foi ele quem anunciou o Messias e batizou Cristo no rio Jordão.

Em geral, a hagiografia de João destaca o seu nascimento, a anunciação, o batizado de Jesus e a sua morte durante o império de Augusto, no início da era cristã, em uma trama cheia de reviravoltas. Com algumas variações, consta que Herodes Antipas, tetrarca (um dos quatro reis) da província romana da Galileia, foi a Roma e sequestrou Herodíade, a esposa do próprio irmão, Herodes Felipe. Herodíade era filha de Aristóbulo, irmão de Felipe e de Antipas — sobrinha, portanto, de ambos. Ela tinha uma filha; a jovem Salomé.

Quando Herodes Felipe retornou à Galileia com a nova esposa e Salomé, o povo rebelou-se contra o irmão que tomou a companheira do outro. Para piorar a situação, o caso era um romance entre tio e sobrinha. O mais indignado com a trama foi João Batista.

Pregador veemente, moralista e incorruptível, João Batista não deu trégua ao trio Antipas, Herodíade e Salomé. Clamava aos ventos contra a união incestuosa, que desmoralizava a lei de Moisés e envergonhava a Galileia, além de conclamar o povo de Jerusalém a se voltar contra o casal que aviltava as escrituras.

Em virtude disso, Herodes Antipas encarcerou João Batista na fortaleza de Maquerunte, às margens do mar Morto. Mesmo no cárcere, solitário, diz a tradição que o pregador continuou gritando impropérios contra a união entre o tio e a sobrinha.

Em certa ocasião, durante a festa de aniversário do padrasto, Salomé protagonizou um espetáculo de dança em que seduziu os convidados. Ao fim do bailado, Antipas disse que ela poderia fazer qualquer exigência, que prontamente seria atendida. Salomé virou-se para Herodíade e perguntou sobre o que a mãe queria que ela exigisse.

Herodíade não perdeu tempo:

— A cabeça de João Batista numa bandeja de prata, com alfinetes cravados na língua!

E assim teria morrido João Batista, que tempos depois seria canonizado. A julgar pelos relatos tradicionalmente disseminados, o fim dos outros personagens da história foi igualmente trágico; todos vitimados conforme uma furiosa profecia que João fez antes de ser decapitado: Herodes Antipas e Herodíades morreram num terremoto e Salomé, após casar-se com o tio-avô, Herodes Felipe II, morreu ao tentar atravessar, pelada e perseguida por serviçais do marido, o rio Sikoris.

O São João
* JUNINO *

A brasilidade, no terreno fértil dos ritos comunitários, é fortemente marcada pelo cristianismo ibérico e frequentemente dinamizada e reinventada pela circulação de informações e crenças ameríndias, das múltiplas Áfricas e das outras Europas que se encontraram no extremo ocidente para inventar um sarapatel chamado Brasil.

As festas católicas normalmente transitam em torno dos eventos da paixão e da ressurreição de Jesus Cristo; do culto aos santos e beatos e da adoração a Maria. Já os fundamentos das celebrações indígenas e africanas celebram a força da ancestralidade e a divinização da natureza. Do cruzo[1] entre esses fundamentos surgiram os nossos modos de celebrar o mistério.

No Hemisfério Norte, nos tempos do paganismo, as celebrações relacionadas às fogueiras e demais ritos do fogo marcavam o solstício do verão e a evocação de divindades propiciadoras da boa colheita. Essa herança pagã fundiu-se ao cristianismo popular e se apresenta com força especial nas festas juninas.

Chegando ao Brasil com a colonização portuguesa, o culto aos santos juninos é fortemente ligado ao Brasil nordestino, marcando o ciclo inicial da colheita do milho e as rogações contra a seca. Tudo que envolve os santinhos de junho se desdobra em celebrações da vida: prendas, danças, namoros e simpatias fazem parte das festas; além de comidas típicas como castanhas, batata-doce, milho, mandioca, pinhão e bebidas como o quentão, feito a partir das raízes de gengibre aferventadas com cachaça.

Certa tradição do cristianismo popular conta que Isabel, mãe de João Batista, e Maria, mãe de Jesus, estavam grávidas na mesma época. Com dificuldades de locomoção, combinaram que aquela que tivesse o filho primeiro mandaria acender uma fogueira para avisar

---

[1] L. Rufino. *Pedagogia das encruzilhadas.*

da boa nova. Isabel mandou, então, que se acendesse uma grande fogueira no dia 24 de junho, quando nasceu João.

Ritos que envolvem o fogo são comuns em diversos sistemas de crenças. A ligação entre o fogo e forças espirituais, como elemento de renovação, mutação, purificação, atração de sortilégios e afastamento de infortúnios, manifesta-se em múltiplas culturas. Mitos sobre como o fogo foi dominado também são frequentes. Ao mesmo tempo, o fogo, quando não evocado corretamente pelo rito, pode ser o agente da aniquilação da vida.

A fênix consumida em fogo que renasce das próprias cinzas; a crença dos antigos romanos no fogo eterno de Vesta — deusa da harmonia do lar — guardado pelas vestais, sacerdotisas da deusa que faziam voto de castidade; as espiritualidades elementais das salamandras de fogo dos alquimistas; o ritual do fogo novo entre os astecas, com o objetivo de evitar o fim do mundo após um ciclo completo do calendário; o fogo purificador da cosmovisão maia; a força radiante do fogo representado por Agni entre os hindus e Atar no zoroastrismo; são apenas alguns dentre múltiplos exemplos.

O mito da fogueira foi uma maneira que o cristianismo encontrou de redefinir os ritos do fogo que marcavam o solstício nas festas da colheita herdadas do paganismo durante a Idade Média. Nas tradições populares, as fogueiras juninas devem ser feitas de formas diferentes: a de São João tem a base arredondada — em provável referência à gravidez de Isabel —, a de Santo Antônio deve ser quadrada e a de São Pedro, triangular.

Outro santo importantíssimo ligado aos ritos das fogueiras, especialmente no Maranhão, é São Marçal, o protetor do Bumba-meu-boi. No dia dele, 30 de junho, os brincantes maranhenses fazem o tradicional encontro dos batalhões. É curioso notar que, apesar do forte apelo popular, São Marçal não tem sua história oficialmente reconhecida pelo catolicismo romano.

Em algumas versões, São Marçal foi o menino que entregou a Cristo o peixe e o pão que foram multiplicados para alimentar os fiéis no deserto. Teria sido batizado pelo próprio Pedro e participado da Última Ceia. Em outras, morreu no século III, depois de realizar prodígios como converter doze mil pessoas de uma vez só, ressuscitar defuntos, homens e bichos, apagar incêndios com um cajado e voar. É a ele que pedimos quando queremos evitar incêndios e para ele acendemos, pedindo renovação da vida, fogueiras de paneiros velhos e palhas secas.

O mastro das festas tradicionais de São João com o estandarte do santo na ponta é também um cruzo cristão dos ritos ancestrais. Representa as rogações pela fecundidade e é muito comum que sejam erguidos no Brasil com espigas de milho amarradas; para propiciar a boa colheita. São João é representado no estandarte como um menino segurando um carneiro; referência à doutrina de que ele teria anunciado ao mundo a chegada do cordeiro de Deus.

Há quem diga que São João dorme segurando o mundo na palma da mão. E que se ele acordar assustado com as fogueiras e foguetórios de sua festa, o mundo terminará consumido pelo fogo. Segundo o historiador e folclorista Câmara Cascudo, João era um santo pregador de alta moral, áspero, intolerante, ascético e intransigente. Nada combinaria menos com ele do que os rituais com danças, bebidas, músicas e até mesmo uma conotação bastante sensual das festividades, com adivinhações para descobrir futuros maridos e esposas, banhos de rio coletivos pela madrugada e profecias acerca do futuro, que seria revelado pelo desenho do corte de um tronco de bananeira perfurado por um facão. Nada mais distante disso que o pregador da voz de fogo que amaldiçoou Herodes Antipas, Herodíade e Salomé.

O fato é que o profeta sério e de moral intransigente foi incorporado à cultura popular — a iconografia dos mastros juninos mostra isso — como um menino de caracóis nos cabelos, guardião amoroso e acolhedor do Cordeiro de Deus.

XANGÔ
MENINO

Nos cruzamentos encantados das brasilidades, as fogueiras acesas para os santos de junho também ardem nas celebrações a Xangô, um dos orixás que atravessaram o oceano ao lado de seus filhos vitimados pelo horror do sequestro e do cativeiro. Nas encruzilhadas da fé brasileira, Xangô amalgamou-se com São João Batista, conforme expressam os versos da música "São João, Xangô Menino", de Gilberto Gil e Caetano Veloso:

Ai Xangô, Xangô menino
Da fogueira de São João
Quero ser sempre um menino Xangô
Da fogueira de São João.

Nos mitos de Xangô, conta-se que ele virou um orixá quando, desiludido depois de um episódio em que agiu com grande arrogância, e envergonhado do fato, adentrou a terra e encantou-se no fogo. No Brasil, o culto a Xangô está presente desde a chegada dos iorubás escravizados e influencia profundamente os candomblés afro-brasileiros.

Para evocar a presença de Xangô nos terreiros, toca-se o xerê (espécie de chocalho). Seus símbolos mais característicos são o edún àrá, pedra encontrada em algum lugar atingido por um raio, e o oxê, machado de lâminas duplas que pode ser feito em pedra, madeira, latão, bronze e cobre. As lâminas do machado, voltadas para lados opostos, ressaltam as dualidades do mundo e a necessidade do equilíbrio entre os opostos, em busca da justiça e da vida plena.

A principal cerimônia realizada para Xangô nas casas de candomblé é a da fogueira. Representando a realeza e a renovação do poder da ancestralidade que se mantém viva, a fogueira é acesa na parte externa do terreiro para que os orixás baixem nos corpos das iniciadas e dancem reverenciando o rei.

No auge do ritual, ao som do alujá (o toque dos tambores mais famoso e característico de Xangô), as iniciadas rodam em suas cabeças gamelas de madeira com o amalá, comida feita à base de quiabo, dendê e camarão seco. Ao oferecer o amalá para buscar o axé de Xangô, pede-se que o orixá restitua, a todos os presentes na cerimônia, a oferenda em forma de saúde, paz e justiça.

São Pedro
Pescador e chaveiro do céu

DIA DA FESTA LITÚRGICA: 29 DE JUNHO

São Pedro é um dos primeiros e mais famosos santos do cristianismo, sendo personagem presente nos quatro evangélicos canônicos (Mateus, Marcos, Lucas e João), nos Atos dos Apóstolos e nas Epístolas de Paulo. Sobre sua vida, os relatos dão conta de que ele nasceu com o nome de Simão e foi um pescador no mar da Galileia, onde trabalhava com o pai, Jonas, e o irmão, André.

Levado pelo irmão para conhecer Jesus Cristo, que imediatamente passou a chamá-lo de Petros (pedra, em grego), tornou-se o discípulo mais próximo do Messias. Essa posição de proximidade foi afirmada pelo próprio Cristo, que teria dito a ele (conforme o Evangelho de Mateus:

> "Tu és Pedro, e sobre essa pedra construirei a minha Igreja, e o poder da morte nunca poderá derrotá-la. Eu lhe darei as chaves do Reino do Céu, e o que você ligar na terra será ligado no céu, e o que você desligar na terra será desligado no céu" (Mateus, 16:18-19).

Essa proximidade aparece ainda no relato do Evangelho de João, segundo o qual, após a ressurreição, Cristo surgiu para os discípulos na beira do mar de Tiberíades, perguntou três vezes a Pedro se ele o amava mais que os outros e disse: "então, se me amas mesmo, apascenta as minhas ovelhas".

Consta ainda que, liderando os cristãos após a morte e a ressureição de Jesus, Pedro comandou a reunião que escolheu Matias como o substituto de Judas Iscariotes entre os apóstolos. Saiu em viagem para pregar o cristianismo, esteve na Samaria, em Lida, na Cesareia e na Antioquia (região da atual Turquia). Ao lado de Paulo e Tiago, participou do Concílio de Jerusalém.

Na ocasião, discutiu-se sobre se a conversão ao cristianismo exigiria a adoção de práticas judaicas, como a da circuncisão. Prevaleceu a ideia, defendida por Paulo e apoiada por Pedro, que bastava a simples conversão firmada no batismo, fato que foi considerado um marco para estabelecer a cisão entre o cristianismo e o judaísmo.

Indo para Roma, com o objetivo de consolidar a igreja e converter pagãos, Pedro teria sido vitimado pela perseguição aos cristãos determinada pelo imperador Nero. Diz a tradição que, condenado à morte na cruz, em 29 de junho do ano de 67 d.C., pediu para ser crucificado de cabeça para baixo, por não se sentir digno de morrer como Jesus.

Entranhado na cultura popular, São Pedro é considerado o padroeiro dos pescadores, já que era essa a função que ocupava quando conheceu Jesus na Galileia. Em virtude disso, no Brasil, país de extenso litoral e cultura caiçara, as festas e procissões marítimas, no dia 29 de junho, são frequentes. Dentre dezenas de festas, uma das mais populares é a que acontece na comunidade de pescadores de Ubatuba, no litoral de São Paulo.

Além da procissão de barcos, o dia de São Pedro é dedicado na região a danças como a da quadrilha, a das fitas no mastro e a do fandango caiçara. Manda ainda a tradição que as rogações para que a pescaria seja boa incluam a distribuição de tainhas assadas entre a população, acompanhadas pela consertada, uma bebida caiçara feita com cachaça, mel, cravo e canela. Costuma-se dizer que as especiarias, quando acrescentadas à bebida, consertam a pinga. O primeiro gole deve sempre ser oferecido ao santo, em mais uma demonstração efetiva de exercício de uma fé em que o sagrado e o profano não se opõem, mas se integram nos ritos comunitários de celebração da vida.

Além de proteger os pescadores, São Pedro é também considerado o padroeiro das viúvas e dos viúvos (porque ficou viúvo, conforme uma tradição oral que não encontra correspondência nas escrituras) e dos porteiros, por ser aquele que recebeu de Cristo a chave para abrir as portas do céu.

Por ter a sua festa realizada no fim do mês de junho, completando um ciclo que inclui também os festejos de Santo Antônio e São João, São Pedro é celebrado com rituais típicos das festas juninas que têm como referência a fogueira. Como visto, na tradição dos festejos, a base da fogueira de Pedro tem que ser triangular, enquanto a de João é ovalada e a de Antônio é quadrada como um chiqueirinho.

Há ainda uma série de crendices populares ligadas ao santo e às chuvas. Por possuir a chave do Reino dos Céus, São Pedro é visto na cultura popular como aquele que tem o controle do tempo. É comum no Brasil, especialmente no agreste e no sertão nordestino, que os camponeses peçam a São Pedro a chuva que garanta a boa safra durante o período do cultivo. Na época da colheita, a rogação é inversa: pede-se que São Pedro cerre as portas do céu para evitar as chuvas constantes.

Há ainda a lenda, muito difundida para entreter as crianças, de que quando chove muito é porque São Pedro está lavando o céu para arrumá-lo. Os trovões acontecem porque, durante a arrumação, o santo arrasta os móveis do paraíso. Além de ser pescador, chaveiro, primeiro papa e dono das fogueiras triangulares das noites frias de junho, Simão Pedro é o faxineiro do céu!

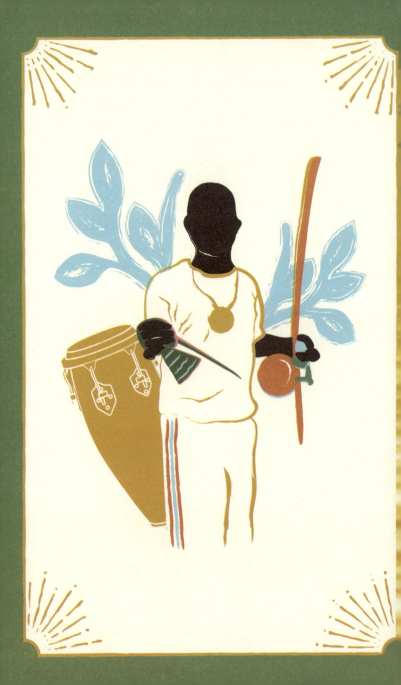

São Bento
O Capoerista

DIA DA FESTA LITÚRGICA: 11 DE JULHO

Para executar nas rodas de capoeira o toque de São Bento Pequeno, o capoeirista tem que estar atento ao andamento rítmico mais cadenciado e lento. O toque é executado com duas batidas com o apoio do dobrão sobre o aço, logo seguidas por uma terceira batida marcada pelo dobrão, uma batida no aço solto e um balanço do caxixi. Já o São Bento Grande é um toque de berimbau adequado a um estilo de jogo mais veloz, agressivo e menos cadenciado, com golpes rápidos e duros. Mas qual seria a relação, aparentemente inusitada, entre São Bento e a capoeira?

São Bento nasceu em Núrsia, perto de Perúgia (Itália), no ano de 480. Foi enviado pelos pais a Roma para estudar e ingressar na vida religiosa. Como sacerdote, foi escolhido como abade de um mosteiro em Vicovaro, ao norte de Roma, e ali estabeleceu condutas rígidas para a vida monástica que acabaram influenciando regulamentos de diversas ordens religiosas posteriores — a Regra de São Bento.

Um dos relatos entranhados no cristianismo popular mais famosos sobre a vida de São Bento fala de monges que, inconformados com o rigor das suas regras, tentaram matá-lo, oferecendo-lhe um cálice de vinho com veneno. Antes de beber o vinho da morte, entretanto, ele abençoou o cálice. De imediato, saiu da taça que continha o vinho envenenado uma serpente e o cálice se despedaçou. Com isso, Bento deixou a comunidade, saiu em peregrinação e fundou doze pequenos mosteiros.

Em outra ocasião, se livrou novamente da morte ao recusar um pão envenenado oferecido por um sacerdote que o invejava, chamado Florêncio. Bento deu o pão a um corvo que todos os dias vinha comer de suas mãos e ordenou à ave que o levasse para longe. Em virtude desse episódio, Bento deixou a região dos doze mosteiros que fundara e foi para Monte Cassino, também na Itália, onde fundou um monastério maior.

A hagiografia conta que Florêncio, sentindo-se triunfante, saiu ao terraço de sua casa para ver a despedida de Bento. Na ocasião, o terraço ruiu e ele morreu. Em algumas versões da história, um dos discípulos de Bento sugeriu feliz ao mestre que retornasse, pois o inimigo havia morrido. O monge chorou pela morte de Florêncio e também ficou triste com a alegria de seu seguidor, a quem impôs uma penitência por alegrar-se pela morte do impugnador.

A partir desses breves relatos, a cultura oral da capoeira conta que São Bento seria o santo de devoção dos capoeiristas por afastar as desgraças corporais e as traições dos inimigos, além de proteger o jogador de agressões físicas; sendo por isso reverenciado e tido como o protetor da capoeira. Por ter escapado da morte ao abençoar o cálice envenenado, que se quebrou e de onde saiu a serpente, em diversos cantos de capoeira, é comum se comparar um capoeira ardiloso a uma cobra:

Tem cobra enrolada no toco
abre o olho seu moço
abre o olho seu moço
abre o olho seu moço

A cobra na capoeira
é um sinal de perigo
peçonhenta e traiçoeira
abra o olho meu amigo

Pode ser a cascavel
Cobra coral, jaracuçu
mas o bote mais cruel
é a tal da urutu
Queria ir, mas agora não vou mais
No caminho me apareceu uma cobra de corais
E a cobra lhe morde
Senhor São Bento
E a cobra lhe morde
Senhor São Bento

Há ainda a forte tradição da medalha de proteção que possui na frente a imagem de São Bento, vestindo a cogula — o traje dos monges —, trazendo na mão direita uma cruz e na mão esquerda uma flâmula ou livro aberto, que representa a sua Regra. No verso, há uma imagem da cruz. Na frente da medalha, vem a frase em latim *"Eius in obitu nostro praesentia muniamur"*. Em português, "Que sua presença nos proteja na hora de nossa morte".

Para os devotos, a medalha de São Bento é um amuleto poderoso contra males físicos e espirituais, provocados por pessoas invejosas ou por animais peçonhentos. Há, por exemplo, relatos de uso da medalha por cangaceiros, que costumavam usar diversos amuletos que fechavam seus corpos, naquilo que o historiador

Frederico Pernambucano de Mello chamou de "blindagem mística".[1] Vale aqui também uma citação do pesquisador Miguel Angelo Almeida Teles sobre o fato:

> "No que concerne aos sucessos causados por animais peçonhentos da caatinga, habitat natural das jararacas e cascavéis, não foi encontrada na bibliografia pesquisada, ou qualquer outra fonte, nenhum relato sobre algum cangaceiro morto ou ofendido por alguma serpente venenosa. Segundo a crendice popular, estes homens tinham "força" diante das víboras, por serem curados contra o veneno das serpentes, clamando por São Bento: 'Valei-me! Meu Senhor São Bento, Valei-me! Valei-me! Valei-me! Livrai-me das cobras e dos bichos peçonhentos'".[2]

Na cultura da capoeira regional, se diz que os antigos capoeiras usavam a medalha para se proteger contra picada de cobra quando treinavam no mato. Era frequente ainda que os antigos enterrassem uma medalha de São Bento próxima as casas em que iam morar, para garantir a proteção dos moradores. Visto na cultura

---

1 F. P. de Mello, *Estrelas de couro*.
2 M. A. A. Teles, "Horas abertas, corpos fechados: a religiosidade do cangaço", p. 68.

popular como o santo que driblou os inimigos e escapou da morte, São Bento nos guarda contra o veneno das cobras e a inveja dos homens.

Ao compor diversas cantigas baseadas nos toques de berimbaus para a peça *Capoeira de Besouro*, musical que conta a epopeia do capoeirista baiano Besouro Mangangá, o poeta Paulo César Pinheiro escreveu para o toque de São Bento Pequeno uma letra que traduz o poderoso imaginário que liga a capoeira ao santo:

No coração contra o veneno
A proteção é São Bento Pequeno
No coração contra o veneno
A proteção é São Bento Pequeno
Numa roda de gente eu sou pacato
Numa briga de morte eu sou sereno
Arrodeio valente que nem gato
Estudando primeiro seu terreno
Camará, mas depois que eu tomo tato
Essa briga de morte vira treino
Eu derrubo o malandro mas não mato
Foi meu trato com São Bento Pequeno
O crioulo me diz que eu sou mulato
O branquelo me diz que eu sou moreno
Tem quem diga que eu sou bicho do mato
Porque me fazem mal, mas eu não temo

Nem com furo de bala não me abato
Nem com corte de faca muito menos
Pois meu corpo eu fechei com meu retrato
Da medalha de São Bento Pequeno
Camará Capoeira eu sou de fato
Quando chamam Besouro, eu olho e aceno
Quem quer briga jamais deixo barato
Já começo com o pé no duodeno
Com meu santo aprendi e sou grato
E ele foi protetor do Nazareno
Hoje protege a mim e eu cumpro trato
Com respeito a meu São Bento Pequeno

Santa Clara clareou[1]

DIA DA FESTA LITÚRGICA: 11 DE AGOSTO

Santa Clara de Assis, fiel devota de Jesus Cristo e seguidora de Francisco de Assis, foi a fundadora da Ordem de Santa Clara (ou Ordem das Clarissas), o ramo feminino do franciscanismo.

A hagiografia conta que ela, a despeito de ter como origem uma família de nobres, renunciou aos confortos e riquezas, impressionada com o desprendimento de bens materiais e o voto de pobreza e humildade de Francisco de Assis. Prometida em casamento a um jovem de posses, fugiu de casa no Domingo de Ramos de 1212, aos dezoito anos de idade, e se encaminhou para uma pequena igreja conhecida como Porciúncula — lo-

---

1 Jorge Ben Jor e Dorival Caymmi deram o mesmo nome, "Santa Clara Clareou", ao título de suas canções, respectivamente nos álbuns *Bem-vinda, amizade*, de 1981 e *Songbook - Dorival Caymmi* - vol. 1, de 1993.

calizada nos arredores da cidade de Assis. Na ocasião, o próprio Francisco cortou seus cabelos, símbolo da destituição da vaidade, e Clara passou a ter uma vida baseada no trinômio castidade, obediência e pobreza; fundamento das Clarissas.

Um dos detalhes mais curiosos sobre Santa Clara é ela ser considerada a padroeira da televisão, um invento patenteado mais de seiscentos anos depois da morte da religiosa. O fato aparentemente inusitado se explica porque, segundo a hagiografia, já próxima da morte, queria muito ir a uma celebração da Eucaristia na Igreja de São Francisco.

Adoentada, sem ter como comparecer, ela orou com fervor e conseguiu assistir a tudo de sua cama no convento. Dizem os relatos sobre o acontecimento que a missa aparecia para ela como que projetada na parede do quarto. O fato foi confirmado quando ela a descreveu depois a cerimônia, lembrando até das palavras do sermão do celebrante. Diz a tradição que diversas pessoas que compareceram à missa confirmaram o relato de Santa Clara. Foi em virtude de ter assistido a uma celebração a distância que, no ano de 1958, ela foi proclamada pelo Vaticano como a padroeira da televisão.

Na cultura popular – sem confirmação canônica –, conta-se que Santa Clara estava um dia no convento quando apareceram camponeses vindos da Espanha

em carroças repletas de galinhas e ovos. Ao chegarem, pediram hospedagem, pois a aldeia em que viviam havia sido devastada por uma chuva que não parava de forma alguma. Disseram, ainda, que poderiam pagar a estadia com as únicas coisas que tinham em posse: as galinhas e os ovos. Clara deu abrigo aos aldeões e prometeu rezar para que a chuva parasse. Ao fazer isso, teve uma visão que mostrava o sol ardente secando as águas que tomavam a aldeia. Avisou aos camponeses que poderiam ficar o tempo que quisessem, mas garantiu que a chuva não os atrapalharia. Assim foi feito.

Por analogia do nome com o ato de clarear, Santa Clara é considerada na tradição do catolicismo português como aquela a quem devemos pedir bom tempo, coisa que não encontra qualquer fundamento na ortodoxia canônica, mas arraigou-se nas tradições populares. Dentre diversas simpatias que podem ser feitas para ela, das mais famosas é a de jogar um ovo no telhado para que a casca quebre e a gema, amarela como o sol, apareça. Ao fazer isso, é necessário repetir dez vezes uma pequena parlenda:

Santa Clara clareou,
São Domingos alumiou,
vai chuva, vem sol,
vai chuva, vem sol,
enxugar o meu lençol.

SÃO ROQUE
✣ ✣ ✣
e os cachorros

DIA DA FESTA LITÚRGICA: 19 DE AGOSTO

A legenda sobre a vida de São Roque traz versões um tanto difusas, mas todas elas apontam que ele teria nascido no fim do século XIII em Montpellier, na França, em uma família de posses. Nas oralidades que caracterizam as culturas populares, diz-se que ele nasceu com um sinal escarlate no peito, similar a uma cruz.

Ao ficar órfão bastante cedo, Roque herdou considerável fortuna, que todavia preferiu doar aos pobres por um compromisso de fé em Cristo. Nessa circunstância, saiu de sua região natal e peregrinou, mendigando ao longo da jornada, até Roma. Permaneceu na cidade durante aproximadamente três anos.

Ainda durante a estadia em Roma, Roque foi vitimado por uma peste que grassava na cidade. Em algumas versões, isolou-se em uma floresta para não contaminar ninguém. Em outras, foi para a floresta para não ocupar um leito de hospital que poderia ser destinado a outro doente. Segundo a tradição oral, só não morreu de sede porque havia na floresta uma fonte de água cristalina e só não morreu de fome porque, diariamente, um cachorro levava até ele um pão e lambia as suas feridas, com o poder de curá-las.

Quando se curou da doença, Roque foi para Piacenza, centro-norte da Itália, trabalhar como médico. Dali, segundo alguns relatos tradicionais, foi para Acquapendente, na Toscana, que sofria com a epidemia da peste bubônica. Nesse contexto, ele dizia que era capaz de curar os doentes com o toque das mãos. Em outras versões, bastava que Roque fizesse o sinal da cruz na testa do enfermo para que a peste fosse derrotada.

Ao voltar a Montpellier, Roque não foi bem recebido e acabou preso, acusado de fazer espionagem para favorecer os inimigos do governo da cidade, que vivia uma guerra civil. Ficou cinco anos encarcerado até morrer ainda jovem, com pouco mais de trinta anos, em 16 de agosto de 1327. Diz a hagiografia que, na hora da morte, seu corpo exalou um perfume que tomou todo o presídio. E é nesse contexto que se atribui a ele um primeiro milagre póstumo. O carcereiro da cadeia mancava de uma perna. Ao tocar o corpo de Roque para saber se ele estava realmente morto, sentiu imediatamente que a perna estava curada.

A fama do milagre se espalhou. Na época do Concílio de Constança (1414-1418), a peste ainda afligia boa parte da Europa. Consta que os padres conciliares recomendaram orações com pedidos de proteção e a intercessão de São Roque. A epidemia terminou, fato que acelerou a sua canonização como o milagreiro protetor contra pestes. As relíquias de São Roque foram levadas para Veneza. Em sua iconografia, ele costuma ser retratado sempre na companhia de um cão que lambe suas chagas.

Nas devoções cruzadas do Brasil, São Roque é aproximado a Omolu, divindade cultuada nos terreiros como o orixá das doenças e das curas. Em seus mitos, Omolu foi vitimado ainda bebê pela varíola. Por isso, foi abandonado na beira da praia por Nanã, sua mãe, e criado por Iemanjá. Para esconder as marcas da doença, Omolu começou a andar com o corpo coberto por uma roupa feita de palha da costa. Nas mãos, ele traz um chocalho chamado xaxará que, quando balançado, espanta a peste e traz a cura.

A grande festa para Omolu nos candomblés — a do Olubajé, um banquete com diversas comidas oferecidas a ele — costuma ser realizada em agosto, o mês da devoção a São Roque. Para atrair a saúde a quem participa da festa, é realizado o ritual do banho de pipoca. O milho estourado chega a ser conhecido pelos adeptos do candomblé como "a flor de Omolu".

Na cultura oral dos terreiros, diz-se que a pipoca estourada é uma remissão às chagas de Omolu. Outros mitos falam que, ao ser abandonado por Nanã na beira do mar e adotado por Iemanjá, foi alimentado por ela com pipoca sem sal, estourada numa panela ao fogo com a areia da praia.

Nos terreiros, a pipoca de Omolu, conhecida como doburu, geralmente não é estourada no óleo, mas numa panela com areia. Uma vez pronta, com a areia peneirada e colocada em um grande balaio, a pipoca é lançada em todos os corpos que buscam a saúde. O banho de doburu é um ritual de limpeza dos mais famosos e requisitados pelos adeptos ou admiradores do culto aos orixás.

Outro personagem marcado pelos vínculos entre a peste e os cachorros e que também é amalgamado a Omolu no campo simbólico das devoções entrecruzadas é Lázaro, o leproso, personagem de uma parábola de Jesus Cristo descrita no Evangelho de Lucas. Lázaro era um mendigo com o corpo coberto de feridas que se alimentava das migalhas caídas da mesa de um homem rico. Só os cães tinham coragem para se aproximar dele, lambendo suas feridas.

É muito comum que a figura de Lázaro, o leproso, seja confundida com a de São Lázaro de Betânia, irmão de Martha e Maria, que foi ressuscitado por Jesus Cristo depois de quatro dias morto, segundo o Evangelho de João. São Lázaro de Betânia foi canonizado pela Igreja e é celebrado no dia 17 de dezembro.

Em virtude da força de São Roque e de São Lázaro na cultura popular, disseminou-se entre nós a cerimônia do Banquete dos cachorros. Como pagamento de graças alcançadas em relação à cura de doenças, a pessoa agraciada prepara um banquete na rua, com toalha de renda estendida no chão e comidas servidas em pratos de louça para que os cachorros possam se alimentar.

No Maranhão, o Banquete dos cachorros chegou aos terreiros que cultuam os voduns, sendo realizada na **Casa das Minas** e em alguns terreiros do tambor de mina maranhense. O advogado e historiador Mário Ypiranga Monteiro registrou o ritual em diversas comunidades do Amazonas, com a realização de ladainhas, novenas, bailes e danças. Os cães, enfeitados com laços e fitas coloridas, eram acompanhados por crianças e duas mesas eram colocadas: a dos cães e a dos "inocentes", para as crianças que participavam dos festejos (coisa que parece ter ligação simbólica com as mesas para crianças realizadas em diversos lugares do Brasil no dia de São Cosme e São Damião).

No Rio de Janeiro o Banquete dos cachorros virou cerimônia constante dos umbandistas da Tenda Espírita Cabana de Xangô, comandada pela jongueira Vovó Maria Joana Rezadeira, na comunidade da Serrinha, entre Madureira e Vaz Lobo. Uma bela mesa posta no chão alimenta os cachorros da comunidade, fortalecendo os elos com o mundo espiritual.

No fim das contas, os entrecruzamentos entre Roque de Montpellier, Lázaro e Omolu ocorrem no território simbólico de mitos e ritos constantemente vividos e redefinidos pelas comunidades que, incessantemente, tecem as suas maneiras de curar o mundo.

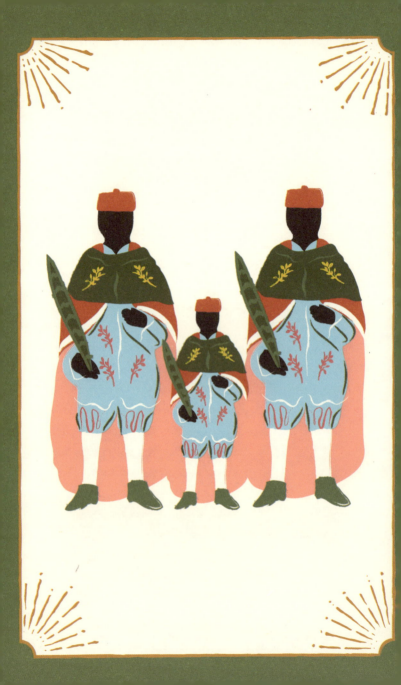

COSME E Damião
OS MÉDICOS ANÁRGIROS

DIAS DAS FESTAS LITÚRGICAS: 26 E 27 DE SETEMBRO

Segundo a tradição cristã, Cosme e Damião eram médicos anárgiros e viveram no século III. Em alguns relatos apócrifos, seus nomes aparecem como Acta e Passio. Santos anárgiros são aqueles que não aceitam qualquer tipo de remuneração por suas ações de caridade. A expressão vem da latinização do grego *ana* (que não possui) e *argyrus* (prata). Como médicos cristãos, Cosme e Damião não cobravam por seus trabalhos.

Ambos teriam sido martirizados na Síria durante as perseguições do imperador Diocleciano, o mesmo que mandara martirizar São Jorge. Os relatos populares sobre os médicos dizem que eles, além de anárgiros, eram também taumaturgos (aqueles que, em vida, realizavam milagres de cura). Em virtude disso, a fama dos gêmeos se espalhou pela Ásia Menor, atraindo muitos novos adeptos para a fé cristã e despertando a fúria de Roma.

Quando a perseguição de Diocleciano aos cristãos se intensificou, os médicos foram presos e obrigados a negar a fé em Cristo. Cosme e Damião não aceitaram e foram submetidos a torturas tremendas. Segundo se conta, milagrosamente não sofriam nenhum ferimento; eram imunes ao afogamento, ao fogo e à crucificação. Em virtude disso, foram decapitados no fio da espada. Certos relatos apócrifos ainda indicam que teriam três irmãos: Antimo, Leôncio e Euprepio, que também teriam morrido como mártires. A hagiografia indica que os corpos dos gêmeos foram levados por fiéis do credo cristão para Roma.

Depois de mortos, começaram a surgir inúmeros registros que atribuíam aos gêmeos o milagre da materialização: eles apareciam encarnados para socorrer crianças vitimadas pela violência e punir os seus verdugos.

A referência inicial da chegada do culto aos santos no Brasil data dos primórdios da colonização. A primeira igreja dedicada aos gêmeos — a Igreja Matriz dos Santos Cosme e Damião — foi erguida em 1530, em Igarassu, capitania de Pernambuco, e continua sendo a igreja mais antiga em atividade no Brasil.

Nas encruzilhadas da brasilidade, o culto a Cosme e Damião encontrou a devoção a Ibeji — o orixá dos iorubás que protege as crianças e cuida para que o tempo não adultere as vidas meninas. No caldeamento entre os santos cristãos e o orixá africano, Cosme e Damião lambuzaram-se de açúcar e dendê e viraram donos de todos os doces e carurus. Ganharam ainda um companheiro diaspórico, o irmão mais novo Doum.

Na cultura iorubá, Idowu é o nome dado à criança que nasce após o parto de gêmeos. Por aqui, o irmão mais novo dos gêmeos africanos virou Doum e passou também a ser cultuado como o irmãozinho mais novo de Cosme e Damião, especialmente nos terreiros de umbanda, religião marcadamente brasileira e resultante de entrecruzamentos diversos.

A festa das crianças também é repleta de sabores. Além da tradicional distribuição de doces em saquinhos de papel, que muitas vezes ocorre em virtude de promessas feitas aos gêmeos, há ainda o caruru dos meninos, prato que deve ser ofertado a sete crianças de rua e, depois, compartilhado por toda a comunidade.

O ato de dividir alimentos com as divindades e os ancestrais está presente em inúmeras culturas. Se manifesta no Brasil nos candomblés, mas ultrapassa os limites dos terreiros e mora nas encruzilhadas entre o sagrado e o profano. A comida de santo chegou às mesas com força suficiente para matar a nossa fome cotidiana e apimentar os paladares.

A importância dos alimentos nos rituais é vinculada ao significado do moyoo (entre os bantos) e do axé (entre os iorubás). Trata-se da energia vital presente em todas as coisas e pessoas. Para que tudo funcione a contento, o axé deve ser constantemente renovado. Nada acontece sem a reposição da força em um mundo sujeito a constantes modificações. Uma das formas mais eficazes de dinamizar o axé em benefício de nossas vidas é dando comida aos ancestrais e aos deuses; que, por sua vez, retribuem a oferenda em forma de vontade de vida, propiciando benefícios aos que ofertaram.

Ao doar e comer doces, preparar, ofertar e comer caruru, os devotos de Cosme e Damião pagam promessas, os devotos de Ibeji pedem o axé do orixá e todos, no fim das contas, buscam fortalecer, nas práticas encantadas do mundo, a saúde que traz a alegria das crianças.

Outra questão que se coloca sobre a devoção a Cosme e Damião refere-se à data das celebrações litúrgicas. Como não existem referências sobre a data da morte dos santos, a Igreja católica estabeleceu o 27 de setembro para reverenciá-los em virtude do dia da inauguração da Basílica de Cosme e Damião em Roma, durante o papado de Félix IV, em 527.

O dia 27 de setembro é também dedicado à memória de São Vicente de Paulo,[1] falecido em 27 de setembro de 1660, em Paris. O Vaticano decidiu, na reforma do calendário litúrgico de 1969, não colocar as duas celebrações na mesma data. Como o dia da morte de Vicente de Paulo é mesmo o 27 de setembro, Cosme e Damião passaram a ser celebrados na véspera. Para os devotos dos gêmeos, a alteração da data oficial não foi problema: já que os santinhos são dois, que sejam celebrados em ambos os dias.

---

[1] São Vicente de Paulo (1581-1660) é reconhecido por obras de caridade, tendo criado grandes obras de auxílio a pessoas pobres em hospitais, asilos, entre outros. Além de ter importante papel na Reforma Católica na França no século XVII, sua entrega ao sacerdócio o fez ser canonizado pelo papa Clemente XII em 1737 e ser reconhecido como patrono de todas as obras de caridade da Igreja católica pelo papa Leão XIII em 1885.

SÃO FRANCISCO de Assis

O POBREZINHO

DIA DA FESTA LITÚRGICA: 4 DE OUTUBRO

Giovanni di Pietro di Bernardone nasceu em Assis, na Itália, em 1182. De família rica, era filho de Pietro Bernardone, um próspero comerciante, e de Pia Bourlemont, descendente de nobres da Provença, no sudeste da França. Acredita-se que foi o pai que apelidou Giovanni, ainda menino, de Francisco (Francesco, o francesinho). Uns dizem que o apelido se deve ao apreço que o garoto demonstrava pela cultura francesa, especialmente pelo idioma; outros apontam a origem da mãe como a motivação. O certo é que o apelido pegou e Giovanni virou mesmo Francisco.

A hagiografia aponta que Francisco teve uma juventude absolutamente despreocupada, gozando das regalias que o dinheiro da família lhe permitiu. Foi festeiro, beberrão e mão aberta — não se preocupava em gastar dinheiro — mas sempre bondoso e disposto a auxiliar os amigos.

Fascinado por romances de cavalaria, alistou-se em 1202 para combater na guerra entre as cidades de Assis e Perugia. Feito prisioneiro em campo de batalha, ficou preso por aproximadamente um ano. Libertado, passou a ter constantes problemas de saúde, especialmente ligados ao aparelho digestivo e à visão.

Há algumas versões sobre a entrega definitiva de Francisco à igreja de Jesus Cristo. Consta que, aos poucos, ele foi recebendo chamados que, a princípio, o deixaram hesitante. Em certa ocasião, teria escutado nas proximidades de uma clareira o som do sino que os leprosos eram obrigados a usar quando se aproximavam. Diante de um leproso que tremia de frio, Francisco o cobriu com o próprio manto e beijou o rosto do homem deformado pela doença. Afirmou que se sentiu, ali, motivado pelo Espírito Santo. Na maioria dos relatos sobre o santo, o episódio com o leproso é considerado um marco da virada entre a vida mundana e a entrega mística.

Depois disso, Francisco escutou pela primeira vez a voz de Jesus Cristo enquanto orava na igreja de São Damião, em Assis. Durante a reza, afirmou que ouviu o crucificado falando três vezes: "repara a minha casa, que está em ruínas". Convicto do chamado, vendeu o que tinha e entregou todo o dinheiro ao padre para que a igreja fosse reformada. Repreendido pelo pai, que ficou inconformado com o gesto, renunciou à herança da família e entregou até mesmo a roupa que vestia quando saiu de casa. Foi para a rua pelado.

Para concluir a reforma da igreja de São Damião, Francisco passou a pedir esmolas nas ruas de Assis. Concluída a reforma, se dedicou a reconstrução da igreja de São Pedro e, logo depois, retirou-se para restaurar e morar na capela Porciúncula, na abadia de Monte Subasio, comandada pelos beneditinos. Foi ali, durante uma missa, que teve uma iluminação sugerida por um trecho do Evangelho de Mateus, que dizia:

"Doa gratuitamente o que recebestes gratuitamente. Não possuas ouro, nem duas túnicas, nem sandálias. Em qualquer vila em que entrardes procurai alguma pessoa digna, e hospedai-vos com ela até partirdes. E quando entrardes em uma casa, saudai-a; se a casa for digna, desça sobre ela a vossa paz; mas, se não for digna, torne para vós a vossa paz" (Mateus 10:8-13).

Inspirado pelo que considerou um sinal definitivo, Francisco tirou as sandálias, o cinturão, ficou somente com a túnica e resolveu sair pelo mundo disposto a viver como um missionário da fé.

Reunindo, ao longo da jornada, alguns seguidores, Francisco foi a Roma com o objetivo de obter autorização do papa Inocêncio III para fundar uma Ordem baseada em uma regra que prescrevia aos seus monges a pobreza absoluta. A primeira reação do papa foi a de negar o pedido. Inocêncio III, porém, teve um sonho no qual, segundo a versão mais propalada, viu Francisco sustentando com o corpo a Basílica de São João Latrão, sede da diocese de Roma, que corria risco de desmoronar. Impactado pelo sonho, o papa concedeu a Francisco o direito de fundar sua Ordem religiosa.

✷ PADROEIRO ✷
dos animais

Há na cultura oral do cristianismo inúmeros relatos sobre a relação de São Francisco de Assis com os animais. Diz-se que, em suas peregrinações, desenvolveu a capacidade de se comunicar com os bichos. Chegou mesmo a sugerir que a Igreja desse permissão para que os animais assistissem às missas.

Um dos relatos mais famosos refere-se ao episódio em que Francisco, enquanto caminhava, começou a ser seguido por um bando de andorinhas que voavam formando uma cruz. Outro episódio conta que amansou um lobo conversando com o bicho, que ameaçava os peregrinos. Em certa ocasião, a tradição diz que um pássaro avisou a Francisco sobre a hora da oração da meia-noite.

Como difusor da tradição de montar presépios na época do Natal, foi Francisco que introduziu os animais na cena da Natividade de Cristo a partir das figuras do boi e do jumento. A inspiração para isso vem de uma passagem de Isaías em que o profeta sentencia: "o boi conhece o dono e o jumento conhece a manjedoura do seu proprietário; mas Israel nada sabe e meu povo nada compreende" (Isaías 1:3).

O cordão de SÃO FRANCISCO

O uso de um cordão por cima do hábito religioso marrom dos franciscanos começou com o próprio Francisco de Assis. Até hoje é costume que os cordões sejam feitos pelos monges, possuindo três ou cinco nós. Os de três nós representam as virtudes da pobreza, da castidade e da penitência. Os de cinco nós representam as cinco chagas da cruz de Cristo e os estigmas de São Francisco. Segundo a tradição, durante jejum e oração no Monte Alverne, São Francisco recebeu no próprio corpo as marcas (estigmas) que os pregos fizeram no corpo de Jesus.

É curioso notar que, no Brasil, em algumas linhas da umbanda, os médiuns costumam usar o cordão de São Francisco como elemento de proteção dos corpos, similares às guias (cordões com miçangas usados no pescoço). Em geral, os cordões umbandistas de São Francisco são feitos com sete nós, quatro numa ponta e três na outra. Os três nós representam o mistério da Santíssima Trindade e os quatro representam os elementos da natureza (ar, fogo, água e terra).

✱ O RIO ✱
SÃO FRANCISCO

Para os povos originários, o rio São Francisco se chama Opará (rio-mar). O mito mais famoso sobre a origem do rio conta que nos chapadões da região morava Iati, que era apaixonada por um guerreiro. Certo dia, o amado de Iati precisou ir à guerra em disputa por terras que ficavam ao norte. Os passos dos guerreiros que marchavam para fazer a guerra foram tão fortes que afundaram a terra, criando um grande sulco. Devastada pela saudade do amado, Iati chorou. Suas lágrimas foram tantas que escorreram o chapadão, despencando do alto da serra e formando uma cascata.

As águas da cascata caíram sobre o sulco criado pelos passos dos guerreiros, escorrendo para o norte até encontrar o oceano. Nascia o Opará.

Em 1501, pouco depois da chegada da esquadra de Pedro Álvares Cabral ao Brasil, uma expedição comandada por Américo Vespúcio e André Gonçalves desceu o litoral e chegou à foz do Opará. À época era comum que os navegadores batizassem locais em que chegavam homenageando o santo do dia. A data da chegada ao Opará, 4 de outubro, é dedicada pela Igreja à veneração de São Francisco de Assis e de São Petrônio de Bolonha. Em virtude de o primeiro ser mais famoso, a ele foi dedicado o grande rio.

Em 1999, o papa João Paulo II proclamou São Francisco de Assis como o patrono dos cultores da ecologia. Bem antes da oficialização pelo Vaticano, o Congresso de Proteção Animal de 1930, em Viena, na Áustria, já dera o título de patrono da ecologia ao santo de Assis, carinhosamente chamado pelos seus fiéis de "*il poverello*" (o pobrezinho).

Santa Bárbara

A dona dos temporais

DIA DA FESTA LITÚRGICA: 4 DE DEZEMBRO

A hagiografia mais famosa de Santa Bárbara registra que ela nasceu no fim do século III, na Nicomédia (Izmit, Turquia), às margens do mar de Mármara. O pai de Bárbara, Dióscoro, era um homem rico e receoso do destino da filha, tanto que resolveu confiná-la em uma torre para que não sucumbisse aos vícios do período.

Já em idade de se casar, bonita e rica, Bárbara começou a ser cortejada por inúmeros pretendentes, mas recusava a todos os pedidos de casamento que recebia. O pai, ansioso para que ela se casasse com algum nobre, começou a achar que tantas recusas tinham relação com o fato de Bárbara viver trancada, sem conhecer a vida fora dos muros do palácio onde morava. Por causa disso, permitiu que ela passasse a visitar a cidade de Nicomédia.

Foi durante as idas à cidade que Bárbara conheceu e começou a conviver com as pessoas que seguiam os ensinamentos de Jesus Cristo. Depois de certo tempo, resolveu se batizar secretamente, sem o consentimento do pai, seguidor dos deuses de Roma.

Um dia, Dióscoro construiu para a filha uma casa de banhos, além de abrir duas janelas na torre. Bárbara aproveitou uma viagem do pai e mandou abrir uma terceira janela e colocar uma cruz na fonte de água do local. Retornando da viagem, Dióscoro indagou sobre a terceira janela. Bárbara respondeu dizendo que as três janelas representavam o mistério da Santíssima Trindade e a cruz era o símbolo da sua crença.

Furioso, Dióscoro denunciou a filha às autoridades locais. Bárbara foi condenada a uma sessão de tortura em praça pública, que só terminaria quando renegasse o cristianismo. Enfrentou suplícios terríveis, mas não renegou a sua fé. Na ocasião, uma jovem cristã chamada Juliana ficou ao lado de Bárbara, denunciando os carrascos que a mutilavam.

Durante a tortura, Juliana entregou os nomes dos carrascos, o que era expressamente proibido na época. Bárbara e Juliana foram, então, amarradas e con-

duzidas pelas ruas de Nicomédia. Santa Bárbara teve os seios arrancados no trajeto. Depois, foi conduzida para fora dos muros da cidade e foi degolada pelo próprio pai.

No momento em que a cabeça de Bárbara foi arrancada e rolou no chão, um raio cortou o céu até então azul e fulminou Dióscoro enquanto um trovão ribombou e uma tempestade furiosa desabou na região.

Existem diversas versões sobre a vida e a morte de Santa Bárbara que concordam em linhas gerais com o relato do seu martírio, mas divergem quanto ao local onde teria corrido; se em Nicomédia, Roma ou Antioquia — atual Antáquia, na Turquia. Desde o século XII é venerada no dia 4 de dezembro (data provável da morte em 317).

Na década de 1960, o Vaticano elaborou uma reforma do calendário litúrgico que excluiu Santa Bárbara e vários outros santos do calendário geral da Igreja católica por considerar que os dados para a comprovação da sua existência eram frágeis e os relatos de seu martírio seriam excessivamente fabulosos.

Os devotos de Santa Bárbara, todavia, ignoraram solenemente a cassação da santidade e ela continua sendo uma das mais populares santas do cristianismo. É a ela que rogamos pedindo proteção contra raios e tempestades. É ela ainda a protetora dos mineiros, que lidam com explosivos no fundo das minas; dos artilheiros e dos bombeiros.

Nas encruzilhadas da brasilidade, Santa Bárbara é em geral aproximada de Iansã, a orixá africana que comanda os ventos, os raios e as grandes tempestades. Vem certamente dessa confluência ligada aos elementos da natureza o contato entre a santa de Nicomédia e a deusa iorubana. As trajetórias míticas das duas, todavia, apresentam notáveis diferenças. Santa Bárbara morreu virgem, recusou o casamento e os prazeres da carne em nome da fé e do amor a Jesus Cristo. Iansã (também conhecida como Oyá) é uma orixá dotada de grande sensualidade, que nos mitos foi a mulher apaixonada de Xangô e envolveu-se também com Ogum.

Iansã é, ainda, uma mãe zelosa; aquela que pode ter a delicadeza das borboletas e a fúria dos búfalos das florestas em defesa dos filhos. É ela, ainda, quem dança ao sabor dos ventos conduzindo os espíritos dos mortos (os eguns) de volta ao Orum.

Em Salvador, a Festa de Santa Bárbara, em todo dia 4 de dezembro, é considerada Patrimônio Imaterial da Bahia. A procissão com a imagem da santa sai da Igreja da Nossa Senhora do Rosário dos Pretos, no Pelourinho, e percorre as ladeiras cobertas de pétalas vermelhas. Os terreiros batem em homenagem a Iansã e acredita-se que comer acarajé (comida de Iansã) no dia de Santa Bárbara traz saúde e alegria para os devotos.

Para preparar o acarajé, o feijão fradinho deve ficar de molho até soltar a casca. A massa, obtida ao se passar o feijão na pedra, pede um tempero com sal e cebola ralada; depois é só misturar a massa com paciência até dar a liga. Num tacho coloca-se o azeite de dendê. Na fervura do óleo de palma, os bolinhos devem ser preparados com capricho.

Em suas imagens, é comum que Santa Bárbara tenha numa das mãos uma espada, a representação do instrumento de seu martírio subvertido em adoração e entrega a Jesus Cristo. É entranhada na cultura popular, por isso, a crença de que ter em casa espada-de-santa bárbara, planta em formato comprido com bordas amareladas, protege o lar contra raios, trovões e enchentes. A planta é muito parecida com a espada-de-são-jorge (a diferença está, sobretudo, nas bordas), muito usada na proteção contra roubos e violência.

DIA DA FESTA LITÚRGICA: 13 DE DEZEMBRO

As diversas versões sobre a história de Santa Lúcia ou, como é mais conhecida em português, Luzia (do latim *lux*, de "luz") concordam que era uma jovem nascida em Siracusa, no sul da Itália, por volta do ano de 280. De família de posses e formação cristã, perdeu o pai ainda bem jovem e foi criada pela mãe, Eutícia. Muito bonita, foi concedida em noivado a um pretendente da cidade.

Tudo ia bem, até que Eutícia adoeceu e Luzia convenceu a mãe a fazer uma peregrinação à Catânia, também na Sicília, onde estava o túmulo de Santa Ágata, martirizada em 251 por ser cristã. Mãe e filha rezaram diante do túmulo e Eutícia, de fato, ficou curada. Em pagamento pela graça alcançada, Luzia e a mãe resolveram doar tudo que tinham aos pobres.

Ao saber que Luzia já não possuía mais qualquer bem material, o que inviabilizava o dote, o noivo denunciou a jovem às autoridades locais. Na época, ocorria a última grande perseguição aos cristãos ordenada por Diocleciano.

Diante dos poderosos, Luzia se recusou a fazer oferendas aos deuses romanos e reafirmou seu compromisso cristão. Durante o interrogatório a que foi submetida, teve que responder sobre o que daria ao noivo como dote de casamento, já que a fortuna da família tinha sido entregue aos pobres em nome de Cristo. Escutou de um inquiridor a ironia de que ao menos ainda possuía belos olhos que poderiam ser entregues como dote do matrimônio. Luzia, então, levou as mãos ao rosto, retirou os dois olhos e os exibiu, dizendo:

— Querem meus olhos? Eles estão aqui.

Em seguida, milagrosamente, os olhos estavam de volta em suas órbitas!

Luzia acabou condenada a passar a vida toda em um prostíbulo, acusada de praticar feitiçaria. O que se conta é que nenhum soldado conseguiu tirá-la do lugar para que a pena fosse cumprida. Nem mesmo uma junta de bois teve forças para removê-la. Em virtude disso, Luzia acabou decapitada por um soldado de Roma, no dia 13 de dezembro do ano de 304.

Em outra versão, Luzia não quis se casar com o noivo para se guardar para Cristo. O homem, então, a denunciou como cristã aos soldados de Diocleciano. Mandada pelo imperador a um prostíbulo, onde deveria perder a virgindade, conseguiu resistir aos ataques de dez soldados. Condenada ao martírio, foi jogada no fogo, mas não se queimou; teve seus olhos arrancados, mas eles retornaram intactos às órbitas. Por fim, acabou sendo degolada.

A devoção à Santa Luzia cresceu, espalhou-se pelas cidades italianas e, ao longo dos séculos, por toda a Europa, a Ásia e as Américas. A mártir de Siracusa passou a ser a santinha que intercede contra a cegueira (física e espiritual) e os mais diversos problemas de visão, além de nos proteger contra incêndios, certamente em virtude do relato de que não se queimou ao ser lançada ao fogo.

A iconografia mais comum de Luzia é a de uma bela moça que leva numa mão um prato com dois olhos e, na outra, a palma da vitória, o símbolo maior dos mártires da antiguidade; representação do triunfo da alma sobre a morte e o pecado. Um de seus devotos mais famosos foi Dante Alighieri, que a colocou como personagem de *A divina comédia*. Na obra, Santa Luzia aparece em três ocasiões: protege o poeta ao escutá-lo dizer que se encontrava perdido em uma selva escura, lhe ofertando a graça iluminadora, o carrega adormecido até a entrada do Purgatório e o aguarda no Paraíso, ao lado de São Pedro, Santa Ana e São João.

Chegando ao Brasil com os portugueses no período colonial, e especialmente reforçado pela chegada de milhares de imigrantes italianos a partir do século XIX, o culto a Santa Luzia entranhou-se na cultura popular brasileira. Herdamos, por exemplo, a tradição do cavalinho de Santa Luzia, baseada na crença popular de que, na véspera de seu dia, a santa percorre as casas onde existem crianças no mundo inteiro montada em um cavalinho, trocando doces por capim para o animal.

A grande festa da santa no Brasil ocorre na cidade de Mossoró, no Rio Grande do Norte, que a tem como padroeira. A devoção começou no século XVIII, quando uma capela em louvor à santa começou a ser erguida, em 1772, na fazenda Santa Luzia, propriedade do sargento-mor António de Souza Machado. O sargento era devoto de Luzia, a quem atribuiu a graça de um milagre em virtude de uma ameaça de cegueira. Em 1801, a viúva do sargento, Rosa Fernandes, doou o patrimônio da capela para a cidade. Os prodígios atribuídos a uma imagem em madeira da santa — esculpida em Portugal e doada à capela em 1830 — foram tantos que o culto à Santa Luzia só fez crescer cada vez mais no sertão brasileiro.

Um dos mais famosos devotos de Santa Luzia no Brasil foi o Rei do Baião, Luiz Gonzaga. O sanfoneiro, cantor e compositor nasceu em Exu, Pernambuco, em 13 de dezembro de 1912, dia da santa. Em virtude disso, Gonzagão foi devoto fervoroso. Em 1961, o artista sofreu um grave acidente de carro em Miguel Pereira, no estado do Rio de Janeiro, e acabou perdendo a visão do olho direito. A cegueira, ao invés de afastá-lo da fé, reforçou ainda mais em Gonzaga a certeza de que entre ele e a santinha havia uma ligação profunda: era a ela, Santa Luzia, que o Rei do Baião devia a própria vida.

Há ainda, na nossa cultura, inúmeras simpatias para superar problemas de visão — de ciscos à cegueira — com evocações à Santa Luzia. Das mais famosas é aquela que manda passar delicadamente os dedos nos olhos das crianças, fazendo o sinal da cruz e recitando a seguinte reza (que apresenta inúmeras variações):

Santa Luzia
passou por aqui
com seu cavalinho
comendo capim.
Perguntei-lhe se queria pão
Ela disse que não
Perguntei-lhe se queria vinho
Ela disse que sim.

Conclusão em forma de versos

Este livro foi escrito tentando bordar os fios da brasilidade, coisa que defino como uma comunidade de sentidos, afetos, sonoridades, rasuras, contradições, naufrágios, ilhas fugidias, identidades inviáveis, subversões cotidianas, voo de arara e picada de maribondo, reza, saravá e samba. Coisas que certo Brasil oficial, o estado delimitado em marcos territoriais, a burocracia, a República, como a Monarquia, em geral ignora, desqualifica ou odeia. A brasilidade mora na arte de viver na síncope, no drible, na dobra do tambor, na oração dos romeiros, na dança marcial de Ogum, nas delicadezas das folias, nas rodas de cirandas, nas oferendas ao Divino Espírito Santo, na suavidade dos sons bonitos, no esporro dos tambores das matas e cidades, na imponência calada das imensas gameleiras, nas jaculatórias, ex-votos, rosários, milhos assados, quentões, fandangos e ladainhas.

Para escolher as santas e santos retratados aqui, três critérios foram utilizados: a popularidade dos personagens santificados, o repertório de elementos das culturas populares que circulam em torno deles e afeições particulares do autor. Neste sentido, passeamos pelas diversas manifestações da Virgem Maria e pela crença no Nosso Senhor Bom Jesus do Bonfim; rogamos a São José pela boa safra; viajamos com os Reis Magos do Oriente; lutamos com os mártires Jorge e Sebastião; pulamos fogueiras com os santos juninos Antonio, João, Pedro e Marçal; entregamos rosas para Rita, lenços para Sara; tememos os relâmpagos com Bárbara; pedimos o sol com Luzia; clamamos pela cura das doenças com Roque e Lázaro; pulamos com São Longuinho; desengasgamos com São Brás; pedimos uma vida mais doce com os protetores dos meninos, Cosme e Damião; matamos a cobra e gingamos com o mandingueiro e protetor do capoeiristas, meu senhor São Bento!

Para fechar o cortejo, arremato com algumas quadrinhas, baseadas em motivos populares, que em certa ocasião fiz em louvor aos santos, com as atribuições que a cada um o povo consagrou:

A vitória na demanda
É São Jorge Guerreiro que traz
O engasgo da criança
Quem sabe curar é São Brás.

Se a vista não anda boa
Reza pra Santa Luzia
Põe café pra Santa Clara
Clarear o nosso do dia

Para achar o que perdeu
Grite alto: São Longuinho!
Eu vi São Bartolomeu
Na virada do rodamoinho.

Pra Senhora do Rosário
Rezo o terço e me socorro
Pra São Lázaro ofereço
O Banquete dos cachorros

São Pedro era pescador
São José, um carpinteiro
São Roque era doutor
São Gonçalo era violeiro.

Com as águas de janeiro
Lavei meu escapulário
Com a Senhora do Carmelo
E o Cristo do Calvário.

Santa Bárbara me ampara
Santos Reis façam visita
Dou lenço pra Santa Sara
Dou rosa pra Santa Rita!

GLOSSÁRIO

Afrescos – Técnica de pintura na qual se usam tintas dissolvidas em água sobre o revestimento ainda fresco da parede.

Apócrifos – Obras de autenticidade não aprovada e/ou rejeitada pelos dogmas cristãos e, portanto, sem autoridade canônica.

Bantos – Membros de um grupo etnolinguístico localizado principalmente na África subsaariana, a parte do continente africano que fica ao sul do deserto do Saara e engloba cerca de quatrocentos subgrupos étnicos diferentes. Durante o período da escravidão, o Brasil recebeu pessoas bantas vindas, especialmente, de Angola, do Congo e de Moçambique.

Canonização – No sentido religioso, o cânone está ligado a uma regra padrão institucionalmente reconhecida como princípio inquestionável do qual são retiradas diversas regras específicas.

Casa das Minas – Casa de culto afro-religioso onde os cultos e rituais são dirigidos aos voduns. Localizada no Centro histórico de São Luís, no Maranhão, foi fundada em meados do século XIX por Maria Jesuína, rainha do antigo reino africano daomeano e tombada pelo Instituto do Patrimônio Histórico e Artístico Nacional (Iphan).

Concílio – Nome que se dá aos encontros eclesiásticos, em geral com a participação de bispos e cardeais, presidido ou sancionado pelo papa para deliberar sobre questões de fé, costumes, doutrina ou disciplina eclesiástica. Os concílios podem, inclusive, modificar dogmas da igreja.

Contrarreforma – Também conhecida como Reforma Católica, é o movimento iniciado no século XVI que engloba uma série de medidas que a Igreja católica tomou após a ruptura empreendida por Martinho Lutero, marco inicial da Reforma Protestante. A Contrarreforma reafirmou os dogmas católicos durante o Concílio de Trento.

Édito – Comunicado público de uma lei ou de um conjunto de leis. Ao longo da história, os éditos são em geral relacionados a imperadores, reis e papas.

Ermida – Igreja ou pequena capela localizada longe de cidades povoadas.

Ex-votos – Objetos oferecidos a um santo como forma de agradecimento ou pagamento de promessa. Cabeças, pernas e braços de cera, muletas, retratos e peças de roupas podem ser ex-votos. A palavra deriva da frase em latim *"ex voto susceptu"*. Em português, "por uma graça alcançada".

Hagiografia – Relato biográfico sobre a vida dos santos. A palavra vem do grego: *hagios* (santo); *graphía* (escrever).

Legenda – Histórias sobre a vida e os prodígios que teriam sido realizados pelos santos, muitas vezes de caráter lendário e não institucional.

Relíquias – Restos mortais (como a língua de Santo Antônio) e objetos que pertenceram a um santo ou tiveram contato com seu corpo. São capazes de produzir milagres em virtude de seu caráter sagrado.

Santo Graal – Cálice supostamente usado por Jesus Cristo na Última Ceia.

BIBLIOGRAFIA

ARMSTRONG, Karen. *Uma história de Deus: quatro milênios de busca do judaísmo, cristianismo e islamismo*. São Paulo: Companhia de Bolso, 2008.

ALTEMEYER, Padre Fernando. *Aparecida: caminhos da fé*. São Paulo: Loyola, 1998.

BAKHTIN, Mikhail. *A cultura popular na Idade Média e no Renascimento*. Brasília: UnB, 1996.

BASTIDE, Roger. *As religiões africanas no Brasil*. São Paulo: Pioneira, 1995.

BÍBLIA. *Nova Bíblia Pastoral*. São Paulo: Paulus, 2013.

CÂMARA CASCUDO, Luís da. *Dicionário do Folclore Brasileiro*. Rio de Janeiro: Ediouro, 10ª ed. s/d.

CAMPOS, Augusto de. (organização e tradução). *Coisas e anjos de Rilke*. São Paulo: Perspectiva, 2013.

COLEÇÃO SANTOS POPULARES DO BRASIL. *Nossa senhora Aparecida*. São Paulo: Editora Planeta, 2003.

_____. *Santa Luzia*. São Paulo: Editora Planeta, 2003.

_____. *Santos Reis*. São Paulo: Editora Planeta, 2003.

_____. *São Sebastião*. São Paulo: Editora Planeta, 2003.

DAIX, Georges. *Dicionário dos santos do calendário romano e dos beatos portugueses*. Lisboa: Terramar, 2000.

FRAGA, Cesar; SIMAS, Luiz Antonio. *Guerreiro*. São Paulo: Clips, 2018.

FREYRE, Gilberto. *Pessoas, coisas e animais*. São Paulo: MPM Casabranca Propaganda, 1979.

GIOVANNINI, Luigi; SGARBOSSA, Mário. *Um santo para cada dia*. São Paulo: Paulus, 1996.

LE GOFF, Jacques. *Em busca do tempo sagrado: Tiago de Varazze e a lenda dourada*. Rio de Janeiro: Civilização Brasileira, 2014.

_____. *A civilização do Ocidente Medieval*. Lisboa: Editorial Estampa, 1984.

LIMA, Jorge de. *Invenção de Orfeu*. Rio de Janeiro: Record, 2005.

MELLO, Frederico Pernambucano de. *Estrelas de couro: a estética do cangaço*. São Paulo: Escrituras, 2010.

MONTEIRO, Mário Ypiranga. *História da cultura amazonense*. Manaus: Fundo Municipal de Cultura, 2016.

MOREIRA, Paulo; MACRAE, Edward. *Eu venho de longe: Mestre Irineu e seus companheiros*. Salvador: Edufba, 2011.

REGINALDO, Felipe Camargo et al. "A origem do culto aos santos: um olhar historiográfico". *Caderno Intersaberes*, v. 7, n. 12, 2018.

RIBEIRO, Zilda Augusta. *História de Nossa Senhora da Conceição Aparecida e de seus escolhidos*. Aparecida: Santuário, 1998.

RUFINO, Luiz. *Pedagogia das encruzilhadas*. Rio de Janeiro: Mórula, 2019.

SILVA, Andréia C. L. Frazão da; SILVA, Leila Rodrigues da (orgs.). *Mártires, confessores e virgens: culto aos santos no Ocidente medieval*. Petrópolis: Vozes, 2016.

SIMAS, Luiz Antonio. *Almanaque Brasilidades: um inventário do Brasil popular*. Rio de Janeiro: Bazar do Tempo, 2018.

_____. *Pedrinhas miudinhas: histórias sobre ruas, aldeias e terreiros*. Rio de Janeiro: Mórula, 2013.

SOUZA, Laura Mello e. *Inferno atlântico*. São Paulo: Companhia das Letras, 1993.

_____. *O diabo e a Terra de Santa Cruz: feitiçaria e religiosidade popular no Brasil colonial*. São Paulo: Companhia das Letras, 1986.

TELES, Miguel Ângelo Almeida. "Horas abertas, corpos fechados: a religiosidade do cangaço". *Anais do Seminário Angicos 80 anos*: o Crepúsculo do Cangaço, 2018.

VAINFAS, Ronaldo; SOUZA, Juliana Beatriz de. *Brasil de todos os santos*. Rio de Janeiro: Jorge Zahar, 2000.

VARAZZE, Jacopo de. *Legenda áurea: vidas de santos*. São Paulo: Companhia das Letras, 2003.

VERGER, Pierre Fatumbi. *Orixás*. Salvador: Fundação Pierre Verger, 1981.

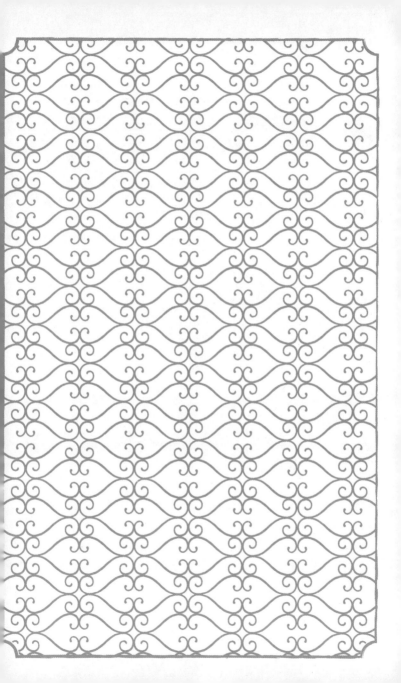

Este livro foi editado pela Bazar do Tempo, na cidade
de São Sebastião do Rio de Janeiro, em junho de 2022.
Ele foi composto com as tipografias Ten Oldstyle e
Harman, e impresso em papel Pólen Bold 90 g/m²,
na gráfica Piffeprint.

3ª reimpressão, setembro de 2024

Luiz Antonio Simas